KB210188

태을주 도공으로 개벽된

나의 생명

2

태을주 도공으로 개벽된 나의 생명2

발행일   단기 4348(2015)년 8월 8일 초판 1쇄
발행인   안경전
발행처   상생출판
편 집   증산도 편집부
주 소   대전시 중구 중앙로 79번길 68-6
전 화   070-8644-3156
팩 스   042-254-9308
홈페이지 www.sangsaengbooks.co.kr
출판등록 2005년 3월 11일(175호)

ISBN 979-11-86122-12-9 (03290)
　　　979-11-86122-13-6 (세트)
ⓒ2015 상생출판

태을주 도공으로 개벽된

나의 생명

2

상생출판

서 문

무더운 여름날에는 한줄기 소나기가 그립습니다. 이처럼 세상이 복잡해지고 인정이 메말라가는 만큼 사람들은 영혼의 안식을 찾고자 합니다. IT로 상징되던 '정보화 시대'의 조류는 감성과 이야기로 승부하는 '드림 소사이어티 시대'로 점차 옮겨가고 있습니다. 새롭게 전환되는 시대의 성공 키워드는 **영성靈性**입니다. 이제 영성이 밝은 사람이 부자富者가 되고 영성이 높은 사람이 지도자가 되는 세상입니다. 이제 우주 가을개벽의 원시반본原始返本 이치에 따라 인류의 원형문화였던 수행문화가 다시 역사의 대세로 부활하고 있습니다. 그 중심에 동방 영성문화의 최종 열매, 태을주太乙呪 천지조화天地造化 공부가 있습니다.

인류의 원형문화인 신교에서 전하는 인간의 가치는 **태일太一**입니다. 인간은 천지의 아들, 딸로 태어나 천지의 꿈과 이상을 실현하는, 천지보다 더 지극한 존재이기에 태일이라 하였습니다. **태을주**는 우주의 가을철을 맞아 인간을 태일의 존재로 완성시켜 주는 주문입니다. 1만년 태일 사상의 완성이자 가장 신령하고 성스러운 주문이 바로 태을주입니다. 또한 태을주는 다가오는 가을개벽의 괴질환란에서 인류를 건져내는 구원의 주문입니다. 인간으로 오신 상제님께서 태을주를 전수해주시며

만사무기 태을주(萬事無忌 太乙呪)

만병통치 태을주(萬病通治 太乙呪)

소원성취 태을주(所願成就 太乙呪)

포덕천하 태을주(布德天下 太乙呪)

광제창생 태을주(廣濟蒼生 太乙呪)

만사여의 태을주(萬事如意 太乙呪)

무궁무궁 태을주(無窮無窮 太乙呪) (道典 7편 75장)

라고 하셨습니다. **태을주의 조화권능**은 그야말로 무궁무궁입니다. 태을주 수행을 통해 불치병을 극복하신 분, 돌아가신 조상님을 만난 분, 어려운 일이 기적처럼 풀려진 분, 대우주와 하나되는 체험을 하신 분, 신명세계를 경험하신 분 등 그 체험의 종류와 깊이를 말과 글로는 다 형용할 수 없습니다.

　원래 '태을주 도공'에서 **도공道功**이라는 말은 길 도道 자에

공력 공功자입니다. 상제님 도를 닦아 받아내리는 은혜를 말합니다. 구체적으로 이理法, 행법行法, 교법敎法이 그것입니다. 상제님 도를 만나면 "아! 이제 내가 살길을 찾았구나."하며 세상의 모든 의혹을 깰 수 있습니다. 이렇게 상제님 진리인 이법을 통해 은혜를 받는 것이 도공의 첫번째입니다. 두번째 행법은 수행을 통해 체험하는 은혜입니다. 태을주 수행법에는 정공靜功과 동공動功 두가지가 있습니다. 먼저 정공은 정좌하고 앉아 눈을 지그시 감고 주문을 읽는 것입니다. 잡념을 거두고 고요함 속에서 생명의 살아있는 참 모습을 체험하는 것입니다. 동공은 적극적으로 몸을 움직이는 행법입니다. 몸을 움직이면서 천지의 노래를 부르는 것입니다. 이때도 똑같이 잡념을 끊고 주문 자체가 돼서 주문과 하나 되어 읽어야 합니다. 누구라도 동공수행을 하게 되면 빠른 시간 안에 하늘에서 신령한 기운이 내려옴을 느끼고, 그 기운을 받을 수 있습니다. 내 몸을 움직이며 자연스레 동공을 하면 하늘의 조화성신을 받아내림으로써, 몸과 마음의 병을 치유하고 신도神道의 조화권을 체득하게 됩니다. 태을주 동공법을 달리 태을주 도공이라고 합니다. 도공의 세번째가 교법입니다. 상제님 진리를 세상에 전하는 것입니다. 개벽기에 인간으로 오신 상제님의 진리를 전해 세상 사람들을 구원하는 은혜, 이것이 교법입니다. 이렇게 이법, 행법, 교법 세가지가 잘 조화를 이뤄야 진리를 온전하게 깨우치고, 나아가 개벽세계의 중심무대에서 전 인류를 지도하는 일꾼으로 우뚝 설 수 있습니다. 일찍이 안운산 태상종도사님께서는 "태을천은 우주의 자궁이다", "태을주는 전 인류에게 제1의 생명이요, 각 개인의 생명은 제2의 생명이다."(『춘생추살』 중에서) 라고 하셨습니다. 우주의 가을개벽기에는 태을주를 읽어 내 생명이 우주생명의 뿌리자리로 돌아가야 구원받을 수 있다는 말씀입니다.

이 책에서는 2013계사년 8월부터 2014갑오년 한해 동안 증산도 교육문화회관 태을궁 및 지방 도장에서 성도님들이 체험했던 태을주 조화사례들을 모았습니다.

부디 이 책이 성도님들과 세상 사람들이 태을주 수행에 대한 마음을 크게 열고 새롭게 발심하는 계기가 되길 소망합니다. 태을주를 숨쉬듯 읽어 생활 속에서 태을주의 천지조화를 늘 체험하는 사람이 되시길, 나아가 가을개벽기에 구원받고 천지의 꿈과 이상을 성취하는 **태일의 사람**으로 거듭나시길 기원드립니다.

太乙呪

◈태을주는 우주 율려律呂니라. (도전 2:140)

吽哆 吽哆
哆哆 哆哆
치 치
太 태
乙 을
天 천

上 상
元 원
君 군

吽 훔
哩 리
哆 치
哪 야
都 도
來 래

吽 훔
哩 리
喊 함
哩 리
娑 사
婆 파
詞 하

◈태을주는 천지 기도문이요, 개벽기에 천하창생을 건지는 주문이니라. (11편 387장)

◈태을주太乙呪는 수기 저장 주문이니 병이 범치 못하느니라. 내가 이 세상 모든 약기운을 태을주에 붙여 놓았느니라. 약은 곧 ·태을주니라. (4편 147장)

◈"장차 이름 모를 온갖 병이 다 들어오는데, 병겁病劫이 돌기 전에 단독丹毒과 시두時痘가 먼저 들어오느니라. 시두의 때를 당하면 태을주를 읽어야 살 수 있느니라." (11편 264장)

수행 공부의 정법

◈하루는 상제님께서 성도들에게 말씀하시기를 "주
문을 읽는 방법은 마음을 바르게 갖고 단정하게 앉
아 성경신을 다하면 되는 것이니라." 하시니라.
(9편 200장)

태전에서 도공道功전수 공사를 행하심

◈태전에 도착하시어 처소를 정하신 뒤 저녁 어스름
무렵부터 성도들과 함께 띠자리를 깔아 놓고 주문
을 읽으시니라. 이윽고 상제님과 수부님께서 시천
주주侍天主呪를 읽으시며 "나나나나~" 하고 몸을 격
렬히 흔드시다가 갑자기 앉으신 채 공중으로 뛰어
오르시거늘 성도들도 따라서 "시천주 조화정 영세
불망만사지, 응아야 응아야~" 하다가 기운이 솟구
쳐 펄쩍펄쩍 뛰어 오르는데 그 때마다 수부님의 치
마가 머리 위까지 뒤집혀 펄럭펄럭하고 상제님의
동곳이 상량보에 부딪혀 상툿고가 바서질 정도이
더라. (도전 5편 307장)

"도공은 천지의 정기精氣, 기의 핵核을 열어주는 것이다. 몸을 흔드는 것은 자기 본체의 기를 순환시키기 위한 것이다. 지기至氣를 빠른 시간에 받기 위해 그러는 것이다. **사욕을 버려버리고 막사선**莫思善 **막사악**莫思惡 **하라**. 내 생각을 자연에 맡기고 그저 주문을 잘 읽어라. 도공을 잘 받으면 다리가 아프든지, 머리가 아프든지, 우울증이 있든지, 간이 나쁘든지 무슨 병이든지 다 나을 수 있다. 또 신통神通도 할 수 있고 조상도 만난다. 그 기본은 정성이다. 정성!"

〰〰 안운산 태상종도사님 말씀 〰〰

"도공을 할 때는 몰입, 집중을 해야 된다. **도공에 빠져들어 기도소리 자체가 돼야 한다.** 내 마음을 안으로 가져가라. 그래야 영의 세계로 들어간다. 몸과 마음을 깨끗이 비우고, 무게를 싣지 말고 가볍게 율동을 하라. 몸을 편하게 부드럽게 하고서 소리와 리듬에 집중하면서 신명나게 주문을 읽어라. 도공을 하면서 몸을 자연스럽게 흔들면 기혈이 뚫리고 해소되면서 병이 낫게 된다. 병이 낫는 경계는 도공을 할 때 내 마음이 상제님과 이 우주 천지와 하나가 되면 그 순간 기운이 들어와서 병이 그냥 낫는다."

꽃안경전 종도사님 말씀 꽃

차 례

빛의 인간으로 탄생

신의 세계를 체험하다

병마를 물리치다

생활과 신앙의 혁신

태을주 1백만독읽기 체험사례

빛의 인간으로 탄생

바위 위에 앉아 계신 상제님께서 태양과 같이 찬연한 불덩
이로 빛나시거늘 그 광명이 얼마나 밝은지 기어가는 개미
까지도 보일 정도더라. 道典 2:14

내 생애 특별한 동지수행

포천신읍도장 심상일 / 남 / 46

　동지대천제에 참여하기 전 10년간의 게으른 신앙에 종지
부를 찍고 싶어 부부동반으로 21일 정성공부를 시작했습니
다. 21일 동안 간간이 포천 수원산을 오르내리면서 마음을
순수하게 대자연의 마음과 합일하려고 노력했습니다. 동지
전야제에 참석하여 자시수행子時修行을 시작하는데 신단 맨
오른쪽 끝자리가 하나 비어 있었습니다. 사실 신단 아래 바
닥에서 수행하려고 마음먹었으나, 얼떨결에 어떤 기운에 끌
렸는지 신단으로 올라가게 되었습니다. 앉자마자 신단쪽에
서 엄청난 기운이 쏟아져 내려 왔습니다. 제 몸이 뒤로 밀릴
정도로 기운이 강렬했습니다. 태상종도사님 주문소리에 맞
춰 합송할 때는 지금까지의 게으른 신앙과 사람을 많이 살리

지 못한 죄송스러움과 태상종도사님의 꾸지람 등이 한꺼번
에 밀려오면서 눈물이 많이 나왔습니다. 그렇게 한참을 주문
을 읽는데 제 뒤에서 갑자기 어떤 남자의 주문 읽는 소리가
들려왔습니다. 제 뒤에는 방석도 없고 신단 밑의 사람들은
멀리 떨어져 있는데 또박또박 명확하게 들렸습니다. 조상님
이신가보다 하고 계속 수행을 했습니다.

도공을 할 때는 신앙 이후 처음으로 자발도공이 되어서 온
몸이 막 제멋대로 돌아가는 체험을 했습니다. 수행이 끝난
이후에도 체험은 계속되었습니다. 숙소에서 자려고 눈을 감
았는데 TV화면 보듯이 여러 가지 영상이 보이기 시작했습니
다. 마을도 보이고 사람도 지나가고 산도 지나가고……다음
날 낮에 눈을 뜨고 있는데도 영상들이 보였습니다. 한 이틀
동안 눈만 감으면 뭐가 막 보여서 잠을 잘 수가 없을 정도였
습니다. 태모님의 말씀이 떠올랐습니다.

"도통(道通)이 두통(頭痛)이다, 이놈들아! 어른거려서 못 사느
니라."(도전11:165)

이번 동지전야 자시수행을 해보니 '동지 자시子時는 천지
에서 내려오는 기운이 엄청나구나!', '동지 전야제는 꼭 참
석해야 하고 밤새 철야수행을 꼭 해야 하는구나, 내년부터는
동지를 앞두고 100일 정성수행을 한번 해봐야겠다.' 이런

생각이 들었습니다. 백회에 묵직한 기운 덩어리가 2~3일 정도 제 머리 주위를 떠나지 않았으니까요. 뿌리장사 천지공사의 주인 역할을 하려면 엄청난 기운이 축적이 돼야 하는구나 하는 것을 몸과 마음으로 체득한 뜻깊은 동지였습니다.

황금빛이
용암처럼 솟구쳐

광주상무도장 이동철 / 남 / 46

저는 전남 영광에서 살고 일터는 광주에 있기에 매일 아침 저녁으로 출퇴근을 합니다. 염념불망 태을주를 목표로 출퇴 근 시간에 운전할 때, 가게에서 혼자 있을 때 항상 태을주를 외우고 있습니다. 오늘 종도사님과 '지기금지원위대강' 주 문을 읽으며 도공을 할 때 빨간 불빛이 둥그렇게 보이다가 넓게 퍼지면서 쏟아졌고 다음에는 연두색 불빛이 둥그렇게 보이다가 쏟아져 내렸습니다. 그 다음에는 캄캄한 어둠 속 여기저기서 불빛이 좍좍 찢어지면서 번개처럼 계속 일었습 니다. 그리고 붉으면서도 황금색 빛이 동그랗게 보이면서 빨 간 원통에서 용암처럼 위로 솟구쳤다가 쏟아져 내렸습니다. 그 빛이 나중에는 연두빛으로 바뀌었습니다. 태을주 도공을 할 때는 위에서 폭이 2cm 정도 되는 동아줄 같은 폭포수가 수십만 가닥이 되어 내려왔습니다. 그 폭포는 나이아가라 폭포처럼 굉장히 컸습니다. 지난 4월 태을주 도공의 날 행사시 도장에서 도공을 할 때는 봉황을 보았습니다. 봉황이 아래에서 날아 올라갔다가 사라지고 다시 아래에서 나타나서 위로 올라가 사라지기를 3번 반복하였습니다. 저는 이번 종도사님 순방 때 지인 5명을 인도하였습니다. 그 중에 1명이 빨간색과 파란색 불빛을 보았고 오오라까지 보았습니다. 지금 아내와 자녀 셋이 함께 신앙하고 있는데, 아직도 다른 여러 가족들이 신앙을 하지 않고 있습니다. 태을주와 도공을 무기 삼아 반드시 육임을 완수하여 천지일월 하나님께 보은하겠습니다.

천부경 글자를
입속에 넣어가며

부산중앙도장 김선영 / 여 / 27

2014년 6월 23일_ 이 날의 도공은 강력한 체험들이 많아서 지금도 생생히 기억합니다. '지기금지원위대강' 도공수행을 하던 중, 자리에서 일어서서 왼손으로 커다란 원을 그렸습니다. 거기에 왼손 검지손가락으로 뭔가 글자를 적었는데 천부경이라는 제목 석자였습니다. 한자로 적었고, 천天이라는 글자를 적는 순간 '아, 천부경이구나!' 하는 느낌이 왔습니다. 그리고 天一一, 地一二, 人一三을 한자로 적고 천부경 글자들을 적어 내려갔습니다. 다른 한자들은 모르지만, 천부경 글자와 天一一, 地一二, 人一三은 분명히 천부경의 글자였습니다. 천부경을 다 적고 나서, 두 손가락으로 천부경의 제목부터 콕 집어서 입안에 '홉' 하고 집어넣었습니다. 이렇게 처음에는 몇 개씩 집어넣어 글자를 먹다가 나중에는 한 꺼번에 모아서 입으로 '후읍~' 하고 들이키듯이 흡입을 했습니다. 너무 신기했고 그 글자 속에 박혀있는 기운들을 취하는 기분이었습니다. 그 때 당시 종도사님께서 천부경에 대한 도훈말씀을 많이 내려주셨고, 그 전부터 도공을 하는 중에 성전에 걸려있는 천부경 쪽으로 자주 갔었습니다. 천부경을 흡입하고 나서 조금 후에는 성전의 칠판 앞으로 갔는데, 칠판에 또 왼손 검지손가락으로 '나는 태일' 이라고 한글로 적었습니다. 크고 분명하게 적었고, 그 글자를 적는 순간 기분이 너무 좋아서 날아갈 듯이 기뻐서 소리를 지르며 신나게 춤을 추었습니다.

한참 도공을 하던 중, 한 성도님의 뒤에 서서 양손으로 문을 여는 듯 가르며 열어서 그 사람의 기운을 느꼈습니다. 어떤 성도님은 마음이 아프고, 어떤 성도님은 머리가 아주 복잡했고, 어떤 성도님은 밝은 미래가 그려졌고, 어떤 성도님은 아무런 생각이 없는 경우도 있었습니다. 그 사람 기운의 문을 열고 들여다보고 나면 다시 닫고 다른 사람에게 가서 똑같이 하였습니다.

2014년 7월 3일_ 천부경 글자를 적은 이후부터 도공을 할 때 손으로 무언가를 그리고, 그것이 기운으로 형상화되는 느낌을 많이 받았습니다. 이날도 손으로 원을 그리고 아래에 받침대를 그렸습니다. '이게 도대체 뭐지' 하면서 감을 못 잡았는데 원을 그렸던 손으로 슥! 하고 돌리니 이게 돌아가는 겁니다. 그 때 지구본이라는 느낌이 왔습니다. 지구본을 오른손으로 받쳐 들고 왼손으로 지구를 돌렸는데 오른손에서 정말 빙글빙글 돌아가는 것이 느껴졌습니다. 그리고 어느 순간 탁! 하고 멈춰서 지도에 나와 있는 어느 한 지역에 손가락으로 기운을 박아 넣듯이 기운을 꺼냈다 뺐다 하는 작업을 두 번 정도 하였습니다. 나중에 지구본을 꺼내 든 그 자리에 다시 갖다 놓으니 지구본이 사라졌습니다.

2014년 7월 5일_ 도공을 하던 도중 오른손 위에 지구가 잡혔습니다. 지구를 들어서 가만히 들여다보다가 자전축 방향으로 살짝 돌리기도 하고 흔들기도 했습니다. 천지어머니의 마음이 된 듯했습니다. 나중에 지구가 작아지면서 내 품속으로 들어왔습니다. 국조삼신 신단 앞에서 3차원으로 세계지도를 그렸습니다. 한반도를 맨 마지막에 그렸는데, 그곳에 엄청난 기운을 집어넣었습니다. 거기에서 기운이 쑥쑥 다른 곳으로 뻗어 나가는 것이 느껴졌습니다.

대천제 체험사례_ 도공을 할 때 주변이 꽉 차있는 느낌이 들었습니다. 강력하게 주문을 외우면 도공 몸짓도 더 강력해졌는데, 도중에 왼손으로 어떤 한자를 크게 적어서 그 한자의 기운들을 성도님들을 향해 뿌렸습니다. 그리고 신단 쪽을 향해 큰 납작한 원을 그렸는데 그것이 제 몸으로 들어오는 게 느껴지며 "우워어!" 하는 큰 함성이 나왔습니다. 중간에 성도님들 방향으로 소용돌이를 그렸는데 거기서 기운을 쭉쭉 저에게로 잡아당겼습니다. 이후 주문을 외우며 발장단을 맞추고 손을 돌리면서 신나게 도공을 했습니다.

신명들과 함께한
축제의 장

부산중앙도장 김보람 / 여 / 25

7월 17일 도장_ 도장에서 저녁 도공수행을 할 때였습니다. 도공을 하다가 갑자기 입에서 웅웅웅! 소리가 나오면서 아프리카에 가면 볼 수 있는 악기가 손에 잡혔습니다. 이 악기는 아래는 좁고 위는 나팔처럼 공간이 넓은 악기로 사람의 상체 크기 정도였습니다. 그 악기를 붕대 같은 흰 천으로 감쌌습니다. 그리고 영화 〈아바타〉의 장면처럼 아름다운 푸른 숲 속의 공간이 보이면서 건강한 나무들이 펼쳐져 있었습니다. 숲 속의 큰 호숫가에 나무로 된 선착장이 있는데 그 모습이 너무 평화로웠습니다. 계속 주문을 읽으며 수행을 하는데 이 모든 장면이 사라지고 잠시 후, 성전 안에서 여러 수도관들이 연결되어 물이 통하고 있었습니다. 그리고 나서 저의 오른쪽 위에서 투명한 큰 가오리 모양의 뭔가가 지나갔습니다. 그 순간 제가 물속에서 위로 그 물체를 쳐다보고 있었습니다. 마치 하늘 위에 떠있는 바다 같은 물속에서 매끈한 가오리가 떠다니는 느낌이었습니다.

다음 날 어느 성도님과 우연히 도담을 나누었는데, 그분도 똑같이 성전 오른쪽에서 고래 크기의 10배 정도 되는 가오리 모양의 배를 보았다고 하였습니다. 그 배의 표면이 고래의 매끈한 피부 같기도 하고, 금속 같으면서도 생물 같은 희한한 느낌을 받았다고 말하셨습니다. 그 때 제가 본 가오리가 배라는 것을 알게 되었습니다.

7월 20일 대천제_ 대천제시 태을궁에서 도공수행을 한 지 얼마 지나지 않아, 사부님께서 좀더 빠르게 주문을 읽으라고 말씀을 하셨습니다. 그 때부터 기운이 강하게 동하기 시작하면서 어느 순간 머리가 멍해졌습니다. 그리고 강한 기운이 내려와 도저히 앉아서 도공을 할 수 없어 일어났습니다. 태을궁 1, 2층 어느 공간 할 것 없이 신명님들이 가득 차 있었고, 어서 일어나 춤추자고 하시면서 둥둥둥 거리며 함께 뛰어노셨습니다. 저도 심장이 쿵쾅쿵쾅 거리면서 설레었고, 온몸을 움직여 주체할 수 없을 정도로 뛰었습니다. 뛰면서 높이, 더 높이, 그리고 더 세게, 더 신나게 뛰었습니다. 그 순간, 우리 모두가 다 함께 축제의 하이라이트를 즐기는 기분을 크게 느꼈습니다. 그러다가 갑자기 고개가 위로 향하면서 거대한 빛이 보였습니다. 빛이 너무 강해 셀로판지와 같은 뭔가가 가려져 주황색 불빛으로 내려왔습니다. 마지막에는 제가 광대처럼 어떤 행사봉을 가로로 잡고 다리를 좌우로 꼬아 관객들에게 행사가 종료된 것을 알리는 듯한 포즈를 취했습니다. 그 후 모두에게 공손한 마음으로 고개를 숙이면서 도공을 마쳤습니다. 이번 대천제 도공수행은 한마디로 축제의 장이었습니다.

하늘에서
쏘아주는 황금빛

정읍연지도장 최경자 / 여 / 51

　광주에서 진행된 태을주 도공 수행시 시작과 함께 뜨거운 눈물이 하염없이 흘러내렸습니다. '지기금지원위대강', '원황정기내합아신'의 도공주문을 송주할 때는 흐느낄 정도였습니다. 태을주 도공으로 들어가고 난 후 제가 앉아 있는 주위를 누군가가 돌고 있는 것을 느낄 수 있었습니다. 문득 조상님들이 오셨다는 생각이 들었습니다. 저를 가운데에 앉혀 놓고, 한참을 강강술래 놀이를 하듯이 도셨습니다. 그러더니 상제님 어진 쪽을 보고 조상님들이 계속 배례를 하셨습니다. 조상님들께서 하얀 모시옷을 깨끗이 차려입고 성전을 가득 채우셨습니다. 그러더니 하늘에서 저에게 황금색의 빛을 쏘아주는 체험을 하였습니다.

하얀 책을
선물로 나눠줘

안산상록수도장 정금순 / 여/ 66

　종도사님께서 저희 도장에 직접 오시어 도공기운을 열어
주시는 군령현장에 딸과 함께 참여하였습니다. 제가 평소 별
로 조는 사람이 아닌데 도공시간이 되자 순간적으로 졸음이
몰려와 부지불식간에 몽롱한 상태가 되어 신기한 체험을 하
게 되었습니다.

　태상종도사님 앞에서 수많은 신도들이 모여 있었는데 어
느 순간 사람들이 모두 하얀 색으로 변했고 심지어 머리카락
까지 하얀색이 되었습니다. 그리고 태상종도사님께서 그 하
얗게 변한 신도들에게 하얀 책 한 권씩을 나눠주시는 모습이
보였습니다. 거기 모인 사람들이 모두 책을 한 권씩 받았습
니다. 그런데 그 책은 다섯 잎으로 이루어진 무궁화 꽃이 아

름답게 아로새겨진 책이었습니다. 모두들 태상종도사님으로부터 책 한 권씩을 받아 들고 기뻐하는 모습이 직접 현실세계에서 보는 듯이 선명했습니다.

그 때는 몰랐지만 모든 것이 흰색인 것을 보면 태을주 조화기운을 받아 가을 금기운으로 열매 맺는 모습이 아닐까 하는 생각이 들었습니다. 지면을 통해서나마 체험을 말씀드리게 되어 감사드립니다. 제가 비록 나이는 들었으나 열심히 태을주를 읽고 가족신앙을 잘 하겠습니다.

인당으로 내려오는 기운을 받다

부산중앙도장 김선영 / 여 / 27

　처음에 도공 주문으로 '지기금지 원위대강'을 송주할 때는 양손에 깃발이 잡히는 느낌이 들면서 돌기도 하고 뻗기도 하고 그랬습니다. 그러고 나서 내려오는 기운이 너무 신이 나서 춤도 추고 그랬는데, 태을주 도공을 할 때는 바늘 구멍 같은 데에 실을 꿰어서 인당을 수술하는 느낌 들었고 기운을 받아내리기도 했습니다. 그리고 처음에 기운이 엄청 크게 내려오면서 묵직하게 기운이 잡히길래 저 앞에 가서 내려놓고, 그 다음에 양손에 잡히는 건 가슴 쪽에 집어넣었습니다. 제일 크게 내려오는 기운은 다리 끝까지 집어넣기도 했습니다. 나중에 간절한 마음이 들면서 상제님 신단을 향해 심고를 드렸는데, 뭔지는 모르겠습니다. 너무 즐겁고 재미난 도공이었습니다.

북소리가 날 때마다
빛이 보여

구미원평도장 이현욱 / 남 / 39

오늘 내리는 도공은 피부로 느낄 만큼 위압감이 있었습니다. 처음 '지기금지원위대강' 주문이 시작되고부터 그 위압감에 그런지 몰라도 눈물이 나왔습니다. 그래서 오늘은 참 큰 기운이 내리는가보다 생각하고, 너무 기쁜 마음에 손을 하늘에 들고 그 기운을 많이 내려주시길 바라면서 계속 흔들고 있었습니다. 그렇게 흔드는 과정에서 갑자기 시야가 뿌옇게 되면서 태을궁 주변이 전부 옅은 안개가 낀 것처럼 느껴졌습니다. 북소리가 날 때마다 옅은 안개 같은 것들이 빛으로 바뀌었습니다. 안개도 아니고, 빛무리도 아닌 것으로 느껴져서 너무 환상적인 체험이었습니다.

태을주 도공으로 바뀐 다음에는 기운이 내려오지 않아서

침착하게 모든 잡념을 끊고 본성으로 돌아간다고 생각하고 있는데, 갑자기 엉거주춤한 자세로 끈을 잡고서 말 위에 타고 있는 모습이 되어 격렬히 흔들고 있었습니다. 제가 앞으로 사람을 많이 살려서 같이 말을 타고 후천으로 가야겠다, 그렇게 생각하고 있습니다.

불덩어리가 내려앉은
숲을 걸었어요

태전대덕도장 황아영 / 여 / 12

　도공을 처음 시작할 때 얇은 기둥이 있어서 올라가려고 발버둥을 쳤는데 갑자기 공 하나가 내려오는 거예요. 그 공을 손으로 치다가 아파서 힘들어서 포기하고 그냥 걸었어요.

　집에 빨리 가려고 엄청 뛰었어요. 뛰다가 힘들어서 다시 걷다가 했는데 북이 보였어요. 제가 북 치는 걸 좋아해서 북을 쳤어요. 그러다 다시 걸었는데 잘 모르지만 엄청난 기운이 느껴지는 분이 계셔서 절을 두번 하고 걸었어요. 빨리 집에 가야겠다고 뛰어서 집에 도착해서 문을 열었어요. 그런데 들어가보니 집이 아니라 빨간 불덩어리가 막 내려앉은 숲이었던 거예요. 불이 무서워서 뛰다가 제 앞에서 무뚝뚝한 표정으로 누가 계신 걸 보고 또 절을 두 번 했어요. 계속 가다가 너무 더워서 계속 몸을 흔들었어요. 그러다 갑자기 추워져서 땀을 내려고 엄청 몸을 흔들었어요. 그때 제 앞으로 불덩이가 내려앉으려고 하다가 갑자기 탁 사라지면서 불덩이가 엄청 커졌다가 작아지는데 쥐새끼만 하게 작아지는 겁니다. 그 속에 조그마한 사람이 보이는 거예요.

그냥 그런가보다 하고 걷고 있으니까 그 조그마한 사람이 엄청 빨리 컸어요. 한 걸음 뛰면 이만큼 자라고, 또 한 걸음 뛰면 이만큼 자라고, 그래서 나무처럼 커졌어요. 그 아이가 땅을 파서 나도 같이 땅을 파려고 했는데 북이 보여서 또 북을 쳤어요. 그 아이는 계속 땅을 파고 있고, 저는 저대로 북을 쳤는데 아이가 땅을 파다가 갑자기 머리를 땅에 들이박았어요. 물구나무서기를 하는데 그 상태 그대로 나무가 되었어요. 저는 계속 북을 치면서 "신기하네!" 하면서 다시 그냥 길을 걸었어요. 길을 걷다가 태을주 도공이 끝나니까 멈췄어요. 신기했어요. [6월7일 증산도대학교]

율동이 천지기운과
하나되어

속초조양도장 김정숙 / 여 / 57

　새벽에 일어나 정결한 마음으로 사배심고 올리고 속초도
장에 도착해 21배례를 올렸습니다. 수호사님 인솔하에 도장
성도님과 합류하여 출발 5시간 후 대천제 행사장에 도착하
였습니다. STB 방송국 앞의 폭포소리와 어우러진 천지기운
으로 피로와 해이된 마음을 힐링하였습니다. 준비된 입도 신
도 자리에 착석하니 우리 문화의 대들보 사물놀이가 한창이
라 분위기에 빠져들었습니다. 사물놀이가 끝이 나니 주도면
밀하게 준비된 상제님 어천치성의 장엄하기 이를 데 없는 분
위기가 눈에 들어왔습니다.

　이어 천제 단상에 등장하시는 종도사님의 지엄하신 거동
에 숨소리마저 그치는 것 같았습니다. 종도사님께서 도공수

런 시 큰 기운을 내려 주셨는데 뒷좌석의 성도님 아기 소리
에 집중이 조금 늦어졌습니다. 일어서서 집중으로 들어가니
율동이 천지기운과 하나가 되었습니다. 도공시간이 짧은 것
에 아쉬운 감이 들었습니다. 태을궁에 오는 기회를 늘리고
기도와 도전공부에 정진 또 정진하겠습니다. 귀로의 찻간에
서 서산의 낙조와 함께 사색에 잠기며 대천제에 올렸던 거룩
한 기도를 떠올려 보았습니다. '하면 된다. 하면 된다. 하면
꼭 된다' 하시며 큰 기운을 주신 종도사님께 다시 한번 감사
를 드립니다. [7월20일 대천제]

신의 세계를 체험하다

태을주를 읽어야 신도神道가 나고 조화가 나느니라.

道典 11:282

태을주는 뿌리 찾는 주문이요 선령 해원 주문이니라.

道典 9:199

선령신이 정성 들여 쓸 자손 하나 잘 타내면 좋아서

춤을 추느니라. 道典 2:119

도장에 가득찬
신명들의 주송을 듣다

부산가야도장 박기숙 / 여 / 22

   대천제 맞이 100일 정성수행을 새로운 마음으로 시작하고 있을 즈음 종도사님께서 부산지역에 순방한다는 소식을 듣고 500배례를 시작했습니다. 태을주 도공수행이 있는 4월 16일에도 부산에 오시는 종도사님께서 부산 신도들에게 큰 기운을 내려주시기를 바라는 마음으로 아침에 500배례와 수행, 기도를 올렸습니다.

   드디어 부산광안도장에서 사부님을 모시고 도공을 시작했습니다. 태을주 주문을 시작으로 '지기금지원위대강至氣今至願爲大降', '악귀잡귀금란장군惡鬼雜鬼禁亂將軍', '원황정기내합아신元皇正氣來合我身', '삼계해마대제신위三界解魔大帝神位' 등의 주문을 읽으며 도공을 하였는데 처음에는 제가 마치 사물놀이패의 일원이 된 듯한 느낌이 들면서 머리를 상모 돌리듯이 마구 돌렸습니다. 그리고 기운이 흘러가는 대로 팔을 이리저리 위아래로 흔들기도 하고, 제 머리에 팔을 갖다 대고 스스로 신유를 하기도 하였습니다. 또 마치 음악을 연주하듯 지휘하는 흉내를 내기도 하였습니다. '지기금지원위대강'을 읽을 때는 도공이 더 강렬해지더니 갑자기 제 신앙을 돌이켜보며 온갖 회한이 일어나서 하염없이 눈물이 나왔습니다. '이 한을 풀기 위해서는 내가 더 열심히 신앙해야 된다'라는 생각이 일어났습니다. 종도사님은 도훈 말씀에서 "주문을 읽으면 천상의 신명들이 같이 읽는 걸 들을 수 있다. 또 자기 조상들 중 누군가가 와서 함께 읽고 있는 걸 듣고 안다"고 하셨습니다. 또 "조상이 내 마음 깊은 곳에서, 내 등 뒤에서, 내 위에서 내가 잘 되라고 기도하고 함께 주문을 읽고 살아간다. 나홀로 도를 닦는 게 아니고 신명이 합세해서 함께한다"고 하셨습니다. 종도사님의 인도로 다 함께 주송을 할 때 광안도장에 참석한 전 신도뿐만 아니라 그 속에 가득 찬 신명들의 태을주 소리를 들을 수 있었습니다.

선령신들과도 같이 하는 천지조화 도공

본부도장 오세련 / 여 / 20

저는 본부 방송국 음향팀 소속으로 근무하고 있습니다. 태을궁에서 도공수행이 진행됐을 때 저는 콘솔consol(음향장비)을 맡고 있어서 도공을 안 하려고 했습니다. 그런데 분위기가 좋아서 정말 안 움직일 수 없는 상황이었습니다. 그래서 도공을 하며 계속 흔드는데, 눈을 감고 싶은 겁니다. 저도 모르게 '딱 한번만 해보자' 하고 눈을 감는 순간, 눈물이 쉴 새 없이 나왔습니다. 그리고 나서 입속의 침이 물 몇잔 마신 것처럼, 침이 아니라 마치 물처럼 계속 새는 거예요. 그래서 도공주문 '지기금지원위대강'을 못 외우고, 중간에 침을 몇 번을 삼키니까 그제야 멈추었습니다. 손을 계속 흔드니까 제 주위가 밝게 빛나는데, 그 색이 옅은 하늘색 같았습니다. 또 태을궁 천장을 보니까 은은하고 넓고, 높은 하늘이 펼쳐져 있었습니다. 모든 성도님들 옆에 어떤 신명님들인지 잘 모르겠지만 조상 신명님 같은 분들이 성도님 도공하듯이 똑같이 도공을 하셨습니다. 제 양 옆에도 신명님들이 계셨습니다. 제 왼쪽의 신명님은 저와 같이 도공을 하셨는데 오른쪽 신명님은 도공을 하지 않고 음향장비 앞에 서 계셨습니다. 그 분은 저보다 키가 좀더 큰 남자 분으로 말끔하게 정장을 차려 입고 있었습니다. 그런데 제가 도공을 하는 중에 손이 장비로 가더니 계속 장비 끄트머리를 때리다가 콘솔의 볼륨장치를 치려고 하였습니다. 막 볼륨을 올리려는 찰나 콘솔 앞에서 계시던 신명님이 제 손을 잡고 왼쪽으로 옮기시는 겁니다.

그렇게 세 번 정도 제 손목을 잡고 옮겨주셨습니다. 나중에는 '아, 장비를 보고 계신 거구나' 하는 생각이 들어 더 이상 건드리지 않았습니다. 그렇게 빛 속에서 도공하는 중에 정말 밝은 빛이 비춰서 그쪽을 보니 종도사님께서 무대 위에서 성도님들을 하나하나 살펴보고 계셨습니다. 그런 종도사님 뒤에서 정말 밝고 맑은 노란 빛이 빛나고 있었습니다. 그 빛을 보자마자 '아! 저런 게 바로 후광이라는 거구나!' 하는 생각이 들었습니다. [6월7일 증산도대학교]

도공은
신인합일이다

청주우암도장 박덕규 / 남 / 44

　도공 초중반에는 집중을 못했지만, 후반에 종도사님께서 "마지막 3분 동안 집중해서 해봐"라고 말씀하실 때부터 갑자기 집중이 되면서 강력한 기운이 내려왔고 격렬하게 도공이 되기 시작했습니다. 강력하게 손을 흔드니 손 주위로 빛이 반짝거리는 게 보여서 깜짝 놀라 눈을 떴다가 다시 감았습니다. 손을 빠르게 흔들 때마다 손의 피가 흩뿌려지는 느낌이 들면서 그 피들이 빛으로 변하는 것을 감지할 수 있었습니다. 더 집중하니 빠르게 회전하는 소용돌이가 보였고 돌아가신 할머니가 옆에 계시는 것이 느껴졌습니다. 그 순간 "도공은 신인합일이다."하신 종도사님의 말씀이 떠올라서

'더 몰입해서 소용돌이 속으로 들어가면 신도세계와 통하는 구나' 하는 생각이 들었습니다. 그때 돌아가신 아버지도 느껴지고 눈물이 흐르면서 좀더 마음이 비워지고 잡념이 사라지면 합일이 되겠다는 생각도 들었습니다. 도훈 말씀 중간중간 편안하고 아늑한 분위기에서 상쾌한 기운이 계속 내려왔습니다. [7월30일 청주도장]

나쁜 기운을
물리쳤어요

태전대덕도장 박주현 / 남 / 11세

저는 도공을 할 때면 뒤에 나쁜 기운, 척신이 있는 것처럼 등골이 으시시한 느낌이 들어서, 오늘은 이것을 물리치려고 도공을 좀 세게 했어요. 계속하다가 '지기금지원위대강' 주문이 넘어간 다음에 태을주 '훔치훔치 태을천 상원군 훔리치야도래 훔리함리사파하'를 읽을 때쯤이 되니 차차 으스스한 기운, 기분 나쁜 기운의 인기척이 멀어져가는 것처럼 느껴졌고, 계속 열심히 하니까 그 기운들이 없어졌습니다. 저는 도공을 하다가 중간에 눈을 떴는데 위에서 투명한 불덩어리가 날아오더니 돌아가신 증조할머니가 제 앞에서 웃으시면서 앉아 계셨습니다. 그리고는 제 옆에 앉으셔서 태을주를 함께 읽어 주셨습니다. 근데 무서웠습니다. 귀신이니까요.[6월7일 증산도대학교 어린이교육장]

여기가 참이다
하는 목소리에

마산회원도장 이희선 / 여 / 76

저는 평소 기운에 굉장히 민감한 편입니다. 어두운 기운의 사람을 만나면 몸이 금방 아프곤 하였는데 이번 대천제 때 태을궁에 도착하면서부터 밝은 기운이 몸속으로 들어오며 세포 하나하나가 살아남을 느꼈습니다. 도공을 할 때에는 마음속에 응어리진 한들이 울컥울컥 쏟아질 듯하였습니다. 그런데 갑자기 "여기가 참이다. 이제 안심이다."라는 죽은 아들의 목소리가 들렸습니다. 그 소리를 듣고 난 후 마음이 편안해지면서, 증산도가 진짜구나 하는 생각을 더더욱 갖게 되었습니다. [7월 20일 대천제]

조상신명님이
훈훈하게 감싸주다

서울광화문도장 이찬우 / 남 / 20

　도공을 할 때 항상 속 깊은 곳에 있는 감정들이 밖으로 분출이 돼서 울기도 하고 분노도 하고 웃기도 합니다. 서울순방 도공의 날에는 정말 많은 성도님들이랑 다 같이 수행을 한다는 것이 너무 즐거워서 막 웃었습니다. 기뻐서 춤도 추고 싶었고 소리도 크게 내면서 하고 싶었는데 공간이 협소해 그러지 못한 점이 아쉬웠습니다.

　지난번 광주순방 도공의 날에는 도공을 할 땐 막 소리도 지르고 울기도 하고 웃기도 했고, 그때 조상신명님께서 뒤에서 도공 수행하시는 소리도 듣고 온 사방이 조상님들로 그득해서 사방에서 나를 감싸주는 느낌이 들었는데 따뜻한 것과는 조금 다른 훈기가 느껴졌습니다. 아주 훈훈했습니다. 그리고 머리에 있는 마魔기운을 뽑아서 해체시켰습니다. 그러던 중에 뒤에 어떤 성도님의 마기운이 강해서 가서 뽑아주고 싶었지만 다른 분들한테 방해될까봐 그러진 못했습니다. 서울순방 때 종도사님 옆에서 사례발표를 하면서 기운을 정말 강하게 받아 형언할 수 없는 기분이 들었으며, 도전을 깊이 읽고 싶은 생각도 들었습니다. [5월 서울광화문도장 순방]

없어져라 물러나라는
신명의 외침

부산동래도장 김주리 / 여 / 27

처음 태을주 도공을 할 때는 가볍게 몸을 터는 듯한 느낌이었습니다. 후에 '지기금지원위대강'을 할 때는 눈에서 불꽃 모양의 기운이 일며 큰소리로 외치게 되고 그 기운을 머리에 휘휘 돌리며 흥겨워하였습니다. 저는 무릎이 좋지 않아서 수행을 할 때도 자주 자세를 바꾸는 습관이 있었습니다. 이날 도공을 하다가 갑자기 자세를 바꾸더니 평소 뼈가 시리게 아프던 오른쪽 무릎을 세우고 오른손으로는 무릎을 여러 차례 때리고 왼손은 앞에서 털어내듯 하는 동작이 나왔습니다. 그러면서 무릎의 통증은 점점 사라져갔습니다.

가장 인상에 남는 것은 끝 부분에서 '악귀잡귀금란장군'을 부르며 도공을 할 때 북소리와 사부님의 음성에 마음이 크게 울리더니 갑자기 누군가 우렁차게 "이놈들~~~!!! 이놈들!!!!" 하는 소리가 들렸습니다. 순간 제 마음속에 사악한 것들을 긁어내야 한다는 생각이 일어나더니 손을 갈고리처럼 세워서 앞 대각선 방향으로 마구 긁어냈고 또 손을 바닥에 비비듯이 긁어냈습니다. 계속 "이놈들!!! 이놈의 자식들!!!" 하는 우렁찬 울림이 사라지지 않더니 손으로 이제 제 어깨 뒤를 긁고 제 허리 뒤를 긁고 그 다음은 미친듯이 제 몸을 X 자로 긁어대기 시작하였습니다. 그러면서도 자꾸 그 우렁찬 호통소리는 멈추지 않고 더욱 '없어져라!!! 물러나거라!!!' 하는 소리가 들렸는데, 마치 쇠스랑으로 나쁜 기운을 없애버린다는 느낌을 받았습니다.

도공이 끝나고 나니 기분도 상쾌해지고 아팠던 오른쪽 무릎도 나아져서 너무나도 신기하고 뭐든지 할 수 있다는 자신감이 붙었습니다. 마치 똘이장군이 된 것 마냥 힘이 생기고 눈이 초롱초롱해졌습니다.

태상종도사님께서
서 계셨습니다

부산광안도장 허학자 / 여 / 73

저는 성전을 바라볼 때 오른쪽 중간 정도에서 도공을 했습니다. 종도사님께서 도훈을 하실 때 태상종도사님께서 계속 뒤에서 웃으시며 서 계셨습니다. 진영 속의 옷 그대로 입으셨고 코사지를 달고 계셨습니다. 태사부님의 두 눈에 뜨거운 열기 같은 것이 느껴졌습니다. 도공을 할 때는 태사부님을 중심으로 양쪽 방향으로 둥그렇게 원을 이루며 기운이 모든 신도에게 내려왔습니다. 저에게는 평소 좋지 않았던 어깨와 가슴 쪽으로 기운이 들어왔습니다. 태사부님께서는 성전 뒤쪽 복도에 있던 책임자들에게 직접 손을 얹어주시며 기운을 넣어주셨습니다.

그리고 나서 처음 보는 분들이 오셨습니다. 돌아가신 시숙媤叔들과 조카들이 오셨고 아버지의 친가, 외가, 어머니의 친가, 외가 분들이 오셨습니다. 저희들이 도공하는 모습을 의자에 앉으셔서 내려다보시고 흐뭇한 표정을 지었습니다. 친가, 외가 분들이 서로 악수하며 기분 좋은 모습이었습니다. 그날 평소보다 2~3배 정도의 강력한 도공기운이 앞에서 밀려왔습니다.

소고를 들고 오신
아버지

인천주안도장 김숙이 / 여 / 59

5월 21일 수요치성 때 도장에서 인터넷 방송에 맞춰 도공을 했습니다. 열심히 지기금지원위대강을 읽으면서 도공을 하는데 10여분이 지나자 어릴 적 바닷가에서 제祭를 지내던 광경이 그림처럼 지나갔습니다. 저는 친정이 경상북도 바닷가라서 어렸을 적부터 정월 대보름과 2월 초하루에 바닷가에서 제祭를 지내고 떡도 먹고 했던 기억이 있습니다. 그리고는 돌아가신 선친先親께서 옆에 와 앉으셨습니다. 평상시에도 태을주 도공이나 수행을 할 때면 아버지께서 옆에 오셔서 같이 하는 것을 느끼곤 합니다. 아버지는 갓을 쓰셨고 하얀 도포를 입고 손에는 소고를 들고 계셨습니다. 저와 함께 한창 도공을 하다가 아버지께서 '이거 들고 한번 쳐볼래? 이

걸 들고 치면 도공이 잘될 거다' 하시며 저에게 소고를 건네 주셨습니다. 소고를 받아들고는 직접 손에 들지는 않았지만 마치 손에 든 것처럼 쳤습니다. 좀 있으니까 '네가 요즘 감기가 걸려 기침을 많이 하는구나. 가슴을 두들겨라' 는 말씀을 하셨습니다. 그래서 한참 가슴을 치고 있는데 가래가 뭉쳐 올라왔습니다. 중간에 화장실에 가서 가래를 뱉어내고 입을 헹구고 다시 성전에 들어와 도공을 시작했습니다. 아버지께서는 다시 '네가 천도식을 준비하고 있구나. 고맙다' 고 말씀하시며 매우 만족해하셨습니다. 저는 7월에 천도식을 하려고 날짜를 잡아둔 상태입니다. 아버지는 자손에게 벌어지는 일들을 훤히 알고 계셨습니다.

강렬한 태양과
수많은 신장들

서울합정도장 김용호 / 남 / 41

　서울은평도장에 오신 종도사님을 따라 '원황정기내합아
신'을 송주하였습니다. 바로 머리 위에서 맑은 기운이 시원
하게 쏟아져 내려왔습니다. '삼계해마대제'를 읽을 때는 성
전 뒤편에서 신명들이 우루루 몰려나와 모든 성도들 뒤로 가
서 서는 것이 느껴졌습니다. 태을주 도공으로 접어들면서,
태을주 주송소리가 행군하는 발소리 같기도 하고, 군가를 부
르는 소리처럼 들리기도 했습니다. 마치 모든 신도들에게 신
장들이 응기하는 것 같았습니다. 제 귀에는 서울은평도장에
모인 신도들이 읽는 태을주 소리가 무척 절도가 있고 힘찬
기운이 깃들어 있었습니다. 절도 있고 힘찬 주송 소리에 아
주 좋은 기분을 느끼면서, 주송 소리에 몸을 맡기고 도공에

임했습니다. 그 와중에 저는 짧은 영상들을 반복적으로 몇번 보게 되었습니다. 제가 본 영상은 다음과 같습니다.

벌판이었습니다. 멀리 산이 오른편으로 보이고, 푸른 하늘에는 살짝 옅은 구름이 끼었으나 거의 맑았습니다. 그리고 아주 강렬한 붉은 태양이 서쪽(왼편)으로 낮게 떠 있었습니다. 그 붉은 태양을 뒤로한 채 수많은 군사들이 창을 들고 깃발을 휘날리면서 벌판을 달려왔습니다. 군마가 일으키는 먼지인지, 안개인지 모르는 것이 뿌옇게 벌판을 가득 메웠습니다. 자욱한 먼지를 피워 올리며 달려오는 수많은 군사들은 갑옷을 입고 투구를 썼습니다. 태양을 등지고 달려오기에 그림자가 져서, 자세한 모습은 볼 수 없었지만 군사들의 기상은 웅혼하면서도 여유로워 보였습니다. 지축을 울리는 수많은 군마들의 발굽소리는 본래 태을주 주송 소리와 도공 북소리였던 것처럼 서로 어우러져 들렸습니다. 절도 있는 주송소리와 힘찬 기운에 고무되어 정말 즐겁고 기쁘게, 활기차게 도공을 하였습니다. 붉은 태양으로부터 달려온 신장들이 그 자리에 참석한 모든 성도들에게 응기하여 신인합일神人合一로 천지대업을 이루게 되는 것이 아닌가 하는 생각이 들었습니다. [6월4일 수요치성]

수많은 조상들이
태을주에 춤추다

서울잠실도장 조현자 / 여 / 59

　저는 7.20 대천제 전까지 2년간 교회를 다녔습니다. 그전에는 단학수련도 하고 타 종교를 다니는 등 나름대로 진리를 꾸준히 찾고 있었습니다. 대천제는 인도자의 권유로 따라갔습니다. 알고 보니 신앙단체에서 주최하는 것이었지만 큰 거부감 없이 대천제 일정에 참여하였습니다.

　태을주를 읽고 도공을 할 때 낯설지만 따라해 보았습니다. 그때 태을궁에 수많은 조상들이 태을주 소리에 맞추어 춤을 추고 있는 신기한 장면을 보았습니다. 평소에도 영이 좀 밝은 편인데 교회에서는 신명이나 이상한 영적 현상을 무조건 사탄이라고 쫓아내기만 하였습니다. 하지만 증산도에서는 대천제와 세월호 희생자 천도식을 할 때 조상들과 신명들을 대접하는 모습, 또 도공을 할 때 조상들이 춤추는 것을 보고 기성종교와는 다른 면을 느꼈습니다.

대천제를 마치고 5일 뒤 도장에 처음으로 방문하였습니다. 기본 진리교육 후 태을주 수행을 하기 위해 의전자가 징을 쳤는데, 2년 전쯤에 기도할 때 자주 들리곤 했던 그 징소리와 같아서 신기했습니다. 우주관 교육과 태상종도사님의 도훈을 듣다가 이번 개벽기에 지축이 정립한다는 얘기를 접했습니다. 사실 10년 전부터 꿈이나 기도 중에 지구가 나타나고 이어서 지축이 바로 서는 것을 수없이 많이 봐왔습니다. 왜 그런 현상이 일어나는지 전혀 몰랐다가 이번에 진리를 공부하면서 깨달았습니다. 또 신관·수행관을 공부하다가 청수 모시는 것에 대해서도 관심이 갔는데, 시어머니가 청수를 모시고 기도를 많이 했었고 몇년 전부터 제 기도 중이나 꿈 등에 맑은 물이 끊임없이 올라오는 모습도 여러 차례 보아왔습니다.

대천제 전날에는 꿈을 꾸었습니다. 어느 험한 길을 노인이 먼저 가고 어린 동자가 뒤따라가면서 저더러 따라오라고 하였습니다. 힘이 들어서 천천히 가는데 노인과 동자는 벌써 저만치 가고 있는 모습을 보았습니다. 바로 그때 본 광경이 이번에 성지순례 갔을 때 본 대원사 올라가는 길과 똑같았습니다. 대원사 벽화에 그려져 있는 노인과 동자는 꿈에 본 분들이었습니다. 한편 도장에서 수행을 하면 어느 남자 신명이 수행을 자주 도와주는 것도 보았습니다.

　이런 일련의 체험을 통해서, 오래 전부터 조상님들이 자손을 상제님 진리로 인도하고자 노력하고 있었음을 알게 되었습니다.

조상님께서 막혀 있는 혈맥을 뚫어줘

광주오치도장 문일권 / 남 / 47

　오늘은 광주오치도장 개창 이래 처음으로 종도사님께서 광주지역에 왕림하신 뜻깊은 날입니다. 저는 두려움과 함께 마음 깊은 곳에서 무언가 말할 수 없는 새로운 기운이 시작되고 있음을 느꼈습니다. 시작은 잘 몰랐습니다. 그러나 끝은 분명했습니다. 바로 오늘은 광주상무도장에서 종도사님의 도훈 말씀과 도공체험 속에서 제가 새롭게 깨어난 '신앙각성의 날'이었습니다. 태상종도사님께서 광주에 오셔서 처음으로 태을주 읽는 법을 바로 잡아주신 도사道史를 종도사님을 통해 오늘 다시 확인하였습니다. 태을주를 제대로 읽는 것이 곧 종통을 지키는 것이요, 의통성업을 이루는 길이라는 것을 바르게 깨닫는 날이었습니다.

도공을 많이 해왔지만 이번에는 제 자신을 잊어버리고 완전히 몰입한 날이었습니다. 처음부터 끝까지 기운이 내렸고, 그 기운을 타고 천지일월 부모님과 함께한다는 감사함과 축복, 또 마음의 평화를 크게 느끼는 도공이었습니다. 처음 '지기금지원위대강'으로 시작된 도공은 종도사님 태을주 음률에 따라 북소리에 맞추어 군이 진군하는 마음으로 힘차게 읽었습니다. 종도사님 성음에 한 소리도 놓치지 않고 가다보니 백회에서부터 회음부까지 기운이 내리고 있었습니다. 눈에는 광명의 불빛이 어려 여러 형태로 변화했고 주문이 바뀔 때마다 손바닥에서 뜨거운 기운이 뭉쳤습니다. 그 기운을 놓치지 않고 계속 이어갔고 조상님께서 제 몸에 막혀 있는 혈맥을 뚫어 주었습니다.

앞줄에는 두 아들과 옆에는 아버지, 어머니께서 함께 도공을 해서인지 마음에 기쁨도 가득했고 무엇보다 이렇게 신앙의 은혜를 내려주신 태상종도사님과 종도사님께 감사했습니다. 과거에 도공을 하면 눈물이 많이 났었는데 이번 도공은 '앞으로 신도를 열어 사람을 많이 살리는 일꾼이 되고 싶다'는 간절한 기도가 나왔습니다. 도공이 끝나고 나니 얼굴이 후끈거리면서 머리는 시원했고 몸은 가벼웠습니다. 손에는 계속 전기가 흐르고 있었습니다.

일주일 전부터 몸의 체력이 떨어지면서 심하게 목감기, 코감기를 앓았습니다. 목에서는 담이 나오고 누런 콧물이 계속 흐르고 다리에도 힘이 없었는데 도공 후에 감기가 한 순간에 사라졌습니다. 오늘 도공은 무엇보다 사람을 많이 살릴 수 있다는 자신감을 회복하는 축복의 도공이었습니다. 앞으로 많은 사람을 살려 꼭 천지에 보은하는 일꾼이 될 것을 다짐하는 계기가 되었습니다.

위령제에서
들린 목소리

계룡도장 권혜성 / 여 / 48

대천제와 함께 치러진 세월호참사 영령들의 위령제 공연 시 흰 천을 찢을 때 괴상한 울부짖음같은 아이들의 울음소리가 들렸습니다. 수십 명 아이들의 비명 같으면서도 짐승의 소리 같은 괴상한 소리에 발버둥치는 소리도 들렸는데, 왜 우리는 17~18살에 죽어야 하냐, 너무도 억울하다 하는 뜻이었습니다. 천이 찢어지지 않다가 그 소리가 멎으면 찢어지고 그렇게 몇 번 반복하였습니다. 신단 쪽에서는 배고픈 아이들이 음식을 정신없이 먹고 있었습니다. 사람은 정확히 보이지 않았고 그림자처럼 희미하게 보였는데 아이들이 뭉쳐서 몰려다녔습니다. [대천제 체험]

장례식 후 몸속에 들어오신 조상님

부산중앙도장 신현수 / 남 / 45

장인어른이 돌아가신지 벌써 40여일이 지나가고 50여일
이 되어 가고 있습니다. 오늘 장인어른의 49재 겸 천도식을
이렇게 봉행하게 되었습니다. 충격적인 일이 벌어진 날은 발
인과 화장 등 장인어른의 장례식을 다 마친 그날 밤이었습니
다. 지금부터 제가 성도님들에게 드리는 말씀은 100% 진실
임을 서두에 말씀드립니다.

제 몸에 들어오신 장인어른

그날 오후 11시경이었습니다. 제가 누워서 TV를 잘 보고
있는데 갑자기 손이 떨리고 입이 돌아가는 것이었습니다. 놀

란 저는 혹시 뇌졸중이 온 게 아닌가 해서 제 아내(오혜정 성
도)에게 병원에 가자고 급히 다그쳤습니다. 그러나 오혜정
성도는 "늘 내 말을 무시하더니만……내가 좀 만져줄게." 하
더군요. 평소 같았으면 화를 냈을 텐데 그날은 웬일인지 제
아내가 어깨와 목을 만지는 것을 얌전히 허락하였습니다. 만
지기를 5분여, 갑자기 제 몸에 경련이 일어나고 손이 사시나
무 떨듯하면서 제 입에서는 '지기금지 원위대강' 주문이 나
오며 자발동공이 시작되었습니다. 그렇게 시작한 도공이 10
분여를 지나는 순간 갑자기 입이 크게 벌어지더니 아주 어
렵게 무언가를 삼켰습니다. 그때 장인어른의 영靈이 제 몸에
들어오신 겁니다.

아버님(장인)은 들어오시어 제일 처음 하신 말이 "혜정아
혜정아" 하고 딸의 이름을 부르셨습니다. 그때부터 억울하
다고 통곡을 하시며 당신께서 힘들고 외롭게 가셨는데 왜 몰
라주느냐 하시는 겁니다. 사실 아버님은 아무도 임종을 지키
지 못하여 돌아가신 날짜와 시간을 정확히 몰랐습니다. 처음
말문을 여셨지만 발음을 제대로 하지 못하시고 마치 언어장
애가 있는 것처럼 말씀하셨는데 그때는 이유를 몰라서 그러
려니 했습니다. 아주 어렵사리 억울함을 호소하시고 한참의
시간이 흐른 뒤 제 몸에 있는 제 자신의 영신靈神과 교감이

시작될 무렵 저는 '왜 그리 말씀하시는 게 힘드시냐?'고 이
유를 여쭈어 보았습니다. 말씀하시기를 "내 혀가 나와 있었
는데 그것을 아들과 염하는 사람이 억지로 밀어 넣어서 그게
잘못돼서 발음이 제대로 안 나온다."고 하셨습니다. "그럼
돌아가신 날짜와 시간은 어찌되시냐?"고 물으니 말씀을 안
하시는 겁니다. 그래서 제가 숫자 하나하나를 열거하여 여쭈
어 보면 그 숫자에서 동그라미를 쳐주시며 알려 주셨습니다.

일어서라 도장으로 가자!

그렇게 해서 돌아가신 날짜와 시간을 알게 되었는데 갑자
기 "일어서라. 가자."하시는 겁니다. 그래서 제가 "사시던
집으로 갈까요?"여쭈니 "아니다. 도장으로 가자."하시길래
아내와 함께 황급히 준비하여 집을 나섰는데 저희 집 옆에
무당집이 있습니다. 그 집을 손가락으로 가르치면서 말씀하
시길 신이 없는데 무당질하고 있다고 뭐라고 하셨습니다.

도장으로 가는 택시 안에서 전포동을 지날 때 "내가 어려
서 자주 다니던 곳인데 내가 죽어서 차 안에서 이 길을 지나
가다니."하시며 슬퍼하셨습니다. 가는 길에 택시기사가 속
도를 높여서 운행하니 "기사양반! 속도 좀 줄입시다."하시
며 천천히 가자고 하시더군요. 나중에 확인해 본 결과 오혜

정 성도 바로 밑의 처제 말이 아버님이 택시만 타시면 늘상 하시던 말씀이 '천천히 가자' 였답니다.

도장에 도착하니 도장 출입문 현관 강화유리문 앞에서 정성을 다하시어 읍배를 올리시고 곧바로 성전으로 가시어, 저는 한번도 아니 결단코 따라할 수 없는 지극한 정성과 크고 웅장한 절법으로 사배심고를 올리셨습니다. 심고를 올린 후 성전에 앉아 있는데 옆쪽을 가리키시며 "네 옆에 네 엄마가 와있네." 하시는 것이었습니다.

잠시 후 돌아가신 장모님께서도 제 몸으로 응하시어 온화한 음성으로 "혜정이, 우리딸 오랜만이네." 하시는 겁니다. 이어 "아버지를 내가 모시러 왔다." 하시고 오혜정 성도에게 당부하시길 상제님 진영을 가리키시며 "저기 상제님께서 계시는데 뭐가 걱정이냐. 지극정성으로 믿어라." 하시며 일심 신앙을 당부하셨습니다.

인연은 많으나 갖은 핑계를 대고 찾지 않아

장인께서는 평생 장모님과 식당(고기집)을 하였고 연세가 많아지자 자식들에게 일을 맡기고 있던 중, 넘어지면서 허리를 다쳐 집에서 누워계시다가 갑자기 돌아가시게 되었습니다. 장모님은 지금으로부터 8년 전 돌아가셨는데 생전에는 도장에 다니시지 않았습니다. 다만 천도식을 몇 차례 해드렸는데 아마도 그 덕에 천상에서 상제님 신앙을 열심히 하고 계신 것 같습니다. 생전에 도장을 와보지 않은 장인께서 읍배, 사배심고를 하시는 게 이상해서 여쭤보니 장모님께서 가르쳐 주었다고 했습니다.

　이어 아버님께서 말씀하시길 너희들이 증산도 도생이라서 말하는 건데 "사배심고 때는 온 정성을 다하라"는 말씀과 "100번의 배례보다는 지극한 한 번의 사배심고가 낫다"는 말씀과 함께 "성전에서는 언행을 극히 삼가라."는 말씀, 그리고 "증산도에는 물론 개근상도 중요하지만 우수상이 최고다. 오직 포교 많이 해서 사람 많이 살려라. 모든 공은 포교에 있다."하시며 "지금 증산도라는 큰 나무둥지에 매달린 거의 모든 신도들이 가지를 잡고 있을 뿐, 나무 위에 안전하게 올라서 있는 이는 몇 안된다. 가지 잡고 있다가는 바람에 흔들려 떨어진다." 하시며 "어서 포교를 많이 하여 안전하게 올라서라."고 말씀하셨습니다. 아울러 말씀하시길 "너희들은 구원의 주체가 되어야지 구원의 대상이 되지 말아라." 하셨고 "증산도 신앙 한다고 해서 모두 구원의 주체가 되는 것은 아니다." 하시며 "나중에 구원의 대상이 되어서 후천에 보은하며 사는 우를 범하지 말 것과 포교 공덕이 적어서 같이 신앙한 도생보다 등급이 낮아서 받들고 살아야 하는 치욕 아닌 치욕을 당하지 말라." 당부하셨습니다. "너희들에게 인연은 많으나 갖은 핑계를 대고 찾지 않아 그렇다. 부지런히 수행하여 신안을 열라"고 하셨습니다.

온몸의 기혈이 막혀 있고 거부하는 마음 때문에 도공이 안 들어가

그후 다시 집으로 돌아왔을 때 처갓집 조상님들이 오셔서 제 몸에 하나 둘 들어오시는데 첫 번째는 할아버님이 오셔서 대성통곡하시는 것입니다. "내가 어쩌다 혜정이 같은 지지리도 못난 자손에게 목숨줄을 맡기게 되었다." 하시며 "다른 후손이 없으니 어쩌나." 며 탄식하셨습니다.

두 번째 오신 오대조 할아버님은 장인어른께 근엄하게 "어쩌다 네가 죽었느냐? 말은 왜 잘 못하냐?" 하시며 입안에 손을 넣어 고쳐주시며 "이제 됐다" 하셨습니다. 또 "혜정아 일심으로 변치 말고 신앙해라." 하셨습니다. 그 뒤부터 아버님께서 말씀을 제대로 하시게 되었습니다. 이어 오신 9대조 할아버님께서도 "오로지 일심이다." 하셨습니다.

그 후 할아버님들이 가시고 갑자기 아버님께서 "혜정아, 너에게 도공 기운을 열어 주마." 하시며 갑자기 저희들에게 도공을 하라 하셨습니다. 그 때 제 몸에 어떤 신명이 들어오

셨는데 절도있는 동작으로 도공을 하시며 오혜정 신도에게 '떠올라라' 하시며 두발을 들고 공중에 띄워 주시는데 그만 오혜정 신도가 두려운 마음이 들어 거부하자 갑자기 크게 호통치시며 "병두야 지금 뭐하는 거냐?(장인 존함이 오병두이십니다) 바쁜데도 너희 조상님들이 부탁하여 왔는데 온몸의 기혈이 막혀 있고 가장 큰 거부하는 마음 때문에 도공이 들어가지 않는다."며 호통치고 가셨습니다. 알고 보니 그분이 도공신장이셨습니다.

너희 조상님들은 천상에서 별을 9개나 달고 계신다

이후 장인께서는 저의 조상님들에 대한 이야기를 해주셨습니다. "너의 조상님들은 오랜시간 수도하셔서 이미 천상에서 별을 9개나 달고 계신다. 그 공덕으로 네가 수행과 도공이 잘 열리는 거다. 앞으로 포교 많이 할 거다. 모든 것은 때가 무르익어야 되는 거다. 허나 열심히 인연을 찾아야 한다" 하시며 그분들 바램을 그르치지 말고 열심히 신앙하라고 말씀하셨습니다.

그리고 장인께서는 제 몸에 들어와 있던 5일 사이에 집을 한 채 사주고 가셨습니다. 오혜정 신도가 3녀 1남 중의 맏딸인데, 생전부터 늘 큰 딸이 어렵게 사는 것을 안타까워했고 집이라도 한 채 마련해 주려는 생각을 가지고 있었던 것 같습니다. 장인어른이 급하게 종용하여 집 계약과 이사를 사흘 만에 끝냈습니다. 그후 장인께서는 당신께서 몸 밖으로 나가시는 날짜를 말씀하셨고 당신께 천도식을 올릴 날짜와 시간까지 정해주셨습니다. 그리고나서 오혜정 성도가 이사하는 것을 보시고 약속된 날짜(5일째)에 하늘나라로 돌아가셨습니다.

그 이후 저는 지극히 정상적인 생활로 돌아왔습니다. 신앙에서도 도공과 수행을 통해 더 많은 체험을 하고 있고 그 힘을 바탕으로 포교활동에도 열심히 임하고 있습니다. 저에게 일어난 이 모든 체험이 믿는 사람들에게는 충격이 될 것이고 그렇지 않은 사람에게는 단순한 흥밋거리밖에 안될 것입니다. 하지만 제 자신은 이번 크나큰 은혜로 인해 부족했던 신도세계에 완전히 눈을 떴으며 앞으로 도공과 태을주 수행을 통해 수많은 사람을 포교하리라 다짐하는 계기가 되었습니다. 저에게는 나름대로 큰 체험이었기에 오늘 장인어른 천도식에서 말씀드렸습니다. 긴 얘기 들어주시어 감사드립니다.

정신차리고 빨리
도장에 가라

대구수성도장 한창호 / 남 / 36

  2015년 1월 천도식을 위한 정성수행을 드리던 중 수행 3일째 되던날 새벽에 체험한 내용입니다. 전날 밤 11시 조금 넘어서 잠이 들었는데 아주 좋은 꿈을 꾸었습니다. 꿈에서 라디오를 듣고 있었는데 남여가 함께 진행하는 가족을 찾는 프로였습니다. 여자 진행자분이 아들을 잃어 버렸다가 드디어 찾았다는 청취자분과 전화연결을 하였습니다. 청취자가 잃어버린 아들을 찾았다는데 라디오에서 나오는 그 아들의 이름이 제 이름이었습니다. 그 청취자분(나이 많은 여자분)이 오늘 기분이 너무 좋다며 진행자분께 노래 한곡 해도 되냐고 하면서 태을주를 읽었습니다. 그분에게는 태을주가 노래인가 봅니다. 그렇게 생생한 꿈을 꾸고 잠에서 깨니 새벽

2시가 다 되어가더군요. 다시 잘려고 하니 잠도 안오고 TV를 틀어도 흥미도 없었습니다. 갑자기 책이 읽고 싶어졌습니다. 평소에는 그렇게 책 좀 봐라고 해도 안 보던 제가 그날은 도전을 꺼내서 새벽이 될 때까지 도전봉독을 하였습니다. 새벽녘에 새벽수행을 위해 도장으로 갔습니다. 그날은 참 기분좋고 의미있는 하루였습니다. 그렇게 정성수행을 마치고 천도식까지 모두 마쳤습니다.

저는 직업 특성상 매일 늦게 일이 끝나고 잦은 술자리를 해야 했습니다. 불가피하게 도장을 약 한달정도 가지를 못했습니다. 그러던 중 4월 11일(토요일) 아침녘에 집에 들어와서 잠 자리에 들게 되었습니다. 그때 마침 또 꿈을 꾸었습니다. 꿈속에서 누군가가 저를 깨우더군요. 깨우면서 하는 말이 "너 지금 머하냐. 빨리 일어나라." 그래서 일어나보니 좁은 제 방에 약 10명 이상의 남여분들이 서서 저를 지켜 보더라고요. 저는 어이가 없어서 당신들 지금 우리집에서 뭐하냐, 당장 나가라고 소리도 지르고 욕설도 하였습니다. 그런데 오히려 그들이 저한테 화를 내더군요. 정신차리고 빨리 일어나라고 하길래 서로 고함을 지르면서 그렇게 시간이 조금 흘렀습니다. 그때 그분들 중에서 가장 젊으신 한분이 저한테 빨리 정신 차리고 봉민(친구이자 저의 사수)이랑 도장에 가라고 하였습니다. 저는 정말 놀랐습니다. 그때 저는 '아차! 그때 천도식을 올려드린 저의 조상님들이구나!' 하는 생각이 들었습니다. 처음 부터 그렇게 말을 했으면 제가 그렇게 심하게 행동하지 않았을텐데... 너무 죄송한 마음이 들었고 빨리 눈치 채지 못한 제가 원망스러웠습니다. 너무 미안한 마음에 다시 정신을 차리고 잠에서 깨어 시계를 보니 11시 30분이 넘었더라구요. 천도식을 지내면 조상님들이 자손과 함께 상제님 신앙을 하시고 자손의 일거수일투족을 살피고 계시다는 것을 몸으로 체험하는 경험이었습니다.

첫째 딸이 자신 이름과
동생들 이름을 불러줘

원주우산도장 이홍교 / 남 / 45

저는 도기143년 12월에 입도를 하였습니다. 입도 후 몇 차
례 체험을 하고 조상님 천도식은 반드시 올려드려야 한다는
것을 깨닫게 해준 사례들을 소개할까 합니다.

첫 번째 사례입니다. 제가 집안 사정으로 몇 해(3년)동안
모친 제사를 모시지 못하였습니다. 그러던 어느 해 제사 날
이 얼마 남지 않는 시점(7일전)이었습니다. 어머니께서 하얀
소복차림으로 오셔서 마당에 앉아 계시다가 가시는 모습을
꿈에서 서너 차례 보았습니다. 제사를 정성껏 모시고 나서는
오시질 않았습니다.

두 번째 사례입니다. 제게는 3명의 어린 영가靈駕가 있었
답니다. 어느 날 첫째(딸) 영가가 찾아왔었습니다. 얼굴만

보이는데 울고 웃기를 여러 차례 반복하고서는 가는 모습을 보았습니다. 이후에 21일 정성수행을 했는데 그때 다시 한 번 찾아왔습니다. 이러한 체험을 한 후 천도식 날짜를 정하고 21일 정성수행을 시작하였습니다. 하지만 조상님을 천도 해드린다는 마음뿐이었고 정작 금전적인 문제가 고민이 되었습니다. 형제들은 모두 다 반대하는 상황이었습니다. 어쩌지? 하고 방법을 찾던 중 어느 날 신기한 체험을 하게 되었습니다. 제 아버지께서 여러 조상님들과 한방에 나란히 앉아 계시는 모습을 보았습니다. 대뜸 저에게 "돈이 필요하냐? 돈이 필요하면 말해라" 하시는 겁니다. 그 다음날 저는 모든 것을 아버지께 말씀드렸습니다. 당시 저는 가족들 모르게 증산도 신앙생활을 하고 있었습니다. 모든 것을 말씀드리니 한결 마음이 가벼워졌답니다. 부친께서는 아무것도 묻지 않으시며 통장을 저에게 건네주셨습니다. 지금 생각해보면 조상님들이 아버님에게 도와주라고 하신 것 같습니다.

세 번째 사례는 영가 체험입니다. 천도식 때 아기 영가의 이름을 지어야 하는데 처음 하는 일이라 어떻게 지어야 하나 또 고민이 되었습니다. 하루는 저녁에 집에 돌아와서 책상에 앉아 하얀 종이를 펼쳐놓고 나름대로 이름을 짓겠다고 고민하였습니다. 한참을 고민했으나 결국 이름을 짓지 못하고 잠을 청하게 되었습니다. 그날 밤에 첫째 딸 영가가 다시 찾아왔답니다. 저번처럼 얼굴만 보이는데 이번에는 생글생글 웃는 모습이었고 슬픈 표정은 전혀 없었습니다. 그러면서 본인 이름과 동생들 이름을 하나씩 하나씩 불러주더군요. 첫째 딸의 이름은 이경, 둘째는 이황, 셋째는 이도였습니다. 정말 신기한 체험이 아닐 수 없었습니다. 참고로 살아있는 제 막내의 이름은 이권(144년 4월 30일 입도)입니다. 딸이 불러 주는 대로 이름을 지어 천도식을 무사히 올리게 되었습니다.

[치유체험]

병마를 물리치다

병은 태을주라야 막아내느니라.

태을주는 만병을 물리치는 구축병마驅逐病魔의 조화주라.

道典 2:140

내가 이 세상의 모든 약 기운을 태을주에 붙여 놓았나니

만병통치 태을주니라. 道典 3:313

의사도 못 고치는
통증이 사라져

정읍연지도장 김영임 / 여 / 49

죽음의 문턱에서 병원을 가지 않고 기도와 태을주 수행으로 치유의 체험을 하였습니다. 제가 너무도 갑작스럽게 아팠다가 나은 것이 꿈같지만 기도와 태을주 수행을 통해서 치유되었다는 것을 확신합니다.

일을 나갔다가 오디와 복분자 철이라 그것들을 따먹었던 것이 탈이 났는지 다음날 온몸에 오한이 들면서 몸살기운이 들어오는 것 같았습니다. 밤새도록 설사에다 온몸의 뼈가 다 아프고, 머리와 몸속의 통증은 심장에서 창자까지 다 꼬이며 말도 안 나오고 혀가 타들어가기 시작했습니다. 눈을 뜨면 앞이 빙빙 돌고 의식을 금방이라도 잃을 지경이고, 산후통과 치통 및 설사에다 숨이 막혀 금방 죽을 것 같아 온 방을

뒹굴고 있을 때 주변에서는 웅성웅성 소리가 나서 병원에 가야 하는데 누구를 부를 소리가 나오지 않았습니다. '이러다가 죽는가보다, 괴질이 오면 이렇게 죽는가보다' 라는 생각이 들어 그 와중에 컵에 물을 받아 무릎을 꿇고 간절히 기도를 했습니다.

상제님, 태모님, 태사부님, 사부님, 조상님을 찾고 태을주와 지기금지 원위대강을 읽었습니다. 엎어져 배를 움켜쥐고서 저의 잘못을 용서해 주시고 먼저 뼈아픈 고통을 이기게 해 주시라고 기도했습니다. 깊이 반성하고 물을 먹고 나니 통증이 조금씩 가라앉고, 온종일 누워서 태을주를 읽으니 조금씩 머리가 시원해지면서 몸이 가벼워지고 거짓말처럼 통증이 사라져 버렸습니다. 그런데 설사를 많이 해서 그런지 온몸의 통증이 사라지니 치질 통증이 느껴지기 시작했습니다. 하지만 4일에 광주 순방 태을주 도공이 끝나고 나니 거짓말처럼 치질 통증이 사라졌고 치유가 되었습니다. 이번 치유 과정을 거치고 나서 잘못했으면 병원에 가서 의사들의 오판으로 죽을 수도 있었겠구나 하는 생각에 정신이 번쩍 들었습니다. 이번 체험을 통해 많은 것을 반성하고 제 자신의 허물이 한겹 벗어진 것 같았습니다. 천지일월 부모님께 감사드리고 보은하는 신앙을 하겠습니다. 보은!

찬란한 오색 기운이 두 눈으로 들어와

안산상록수도장 사은주 / 여 / 44

저는 눈이 매우 안 좋습니다. 거의 실명상태까지 갈 정도로 안 좋았습니다. 다행히 작년에 상제님 진리를 만나고 도공수행을 알게 되었고 100일 정성공부를 하면서 태을주과 도공을 통해서 큰 기운을 받아 지금은 거의 본래 상태로 치유되었습니다. 이 자리를 통해서 치유의 은혜에 무한한 감사를 드립니다.

평소에 도공을 하면 두 손에 기운이 뭉쳐지면서 두 손이 두 눈쪽으로 가서 기운을 넣으면 주로 파란색의 시원한 기운이 들어오곤 했습니다. 그런데 이번 순방 도공시간에는 평소와 달리 처음에는 파란색과 빨간색이 어우러지더니 어느 순간 찬란한 오색으로 변하면서 힘차게 율동하는 모습을 띠면서 두 눈으로 기운이 들어오는 것을 느꼈습니다. 그리고 다른 때보다 훨씬 큰 기운이 들어오는 것을 느낄 수 있었고 덕분에 눈도 엄청나게 많이 좋아졌습니다.

종도사님을 직접 가까이 모시고 도공을 하면 큰 기운을 받는다는 것을 체험하는 소중한 시간이 되었습니다. 앞으로 태을주 조화문화를 열어 사람을 많이 살리는 참 신앙인이 되어 보은하겠습니다. 보은!

결막염과 피부알레르기를
치유하다

진주도장 박영지 / 여 / 43

담을 쏟다

종도사님의 공주, 충남 남부지역 순방군령에서 도공수련
을 하였습니다. 도장의 성전 뒷편에서 도공을 했는데, 계속
신명나게 머리와 목, 어깨를 돌리고 가슴과 명치 부분을 두
드렸습니다. 저는 눈을 감고 주문 읽고 있으면 환한 빛이 있
어 그 빛을 따라 몸이 움직입니다. 두드릴 때는 아프면서도
동시에 시원한 느낌이 들었습니다.

힘 있게 부드럽게 리듬감을 타며 반복하는데 이 날은 토할
것 같은 느낌이 아주 강하게 올라왔습니다. 하는 수없이 도
공하면서 화장실로 빨리 가서 올라오는 것을 토했더니, 담痰
이었습니다. 계속 올라오는 대로 참지 않고 토했더니 종이컵

반 컵은 족히 넘었을 겁니다. 그러면서 속으로는 계속 태을 주를 따라 읽었습니다. 성전에 돌아와서 계속 도공을 하다가 잠시 후에 마쳤습니다. 아까 머리와 목, 어깨를 세차게 돌렸더니 너무 어지러웠고, 얼굴은 달아오르고 있었습니다. 몸은 힘들었지만 마음은 시원하고 개운해진 느낌이었습니다. 토를 많이 해서 그런지 어질어질한 감이 있었습니다. [7월 18일 순방군령]

결막염과 알레르기 치유

어천치성에 참석하기 위해 아침에 일어나보니 오른쪽 눈에 티가 들어간 듯 충혈되고 가려운 증상이 생겼습니다. 결막염인가 하고 생각하며 태을궁에 참석하였습니다. 오른팔은 언제부터인지 여름철이면 두드러기처럼 붉은 반점이 올라오고 가려운 증상이 있었는데, 이것이 이틀간 부위가 번지면서 점점 심해지고 있는 중이었습니다. 작년에 피부과에 갔더니 햇빛 알레르기라고 하더군요. 좀 어이가 없어 피식 웃었지만 가려움은 손톱에 날을 세우게 만들었습니다. 태을궁 2층에 앉아 있는데 오늘은 유독 가려워서 도훈을 열심히 타자 치며 받들면서도 저도 모르게 벅벅벅 긁고 있었습니다.

대치성 때 주송을 하는데 양쪽 눈에서 눈물이 주르르 주르르 흘렀습니다. 오른쪽 눈은 계속 뻑뻑하고 이상한 게 심한 결막염 증상 같았습니다. 치성이 끝나고 도공을 시작하자마자 팔과 눈을 곧바로 두드리기 시작했습니다. 기분이 정말 힘차고 신나고 즐거웠습니다. 하늘같은 태을궁 천장을 눈감고 보면서 저도 모르게 활짝 웃기도 하며 신나게 도공을 했습니다. 눈두덩, 머리 앞, 백회, 머리 뒤, 귀를 차례차례로 주무르며 두들기다가 어루만지고 강약을 반복했습니다. 온몸이 저절로 이리저리 뒤틀리며 몸이 맞춰지는 느낌이 들었습니다. 양팔을 훑어내리듯 쓰다듬기도 하고 두드리다가 뭔가를 벗겨내듯 어루만지기도 했습니다. 머리가 뒤쪽으로 저절로 넘어가면서 좌로 우로 좌우우, 우좌좌 마구 돌려졌습니다. 종도사님이 마지막 1분을 말씀하셨을 때 태을주에 더 집중하며 도공을 했습니다. 두 눈을 사정없이 비비며 맛사지했습니다(평소 그렇게 눈을 비비면 없던 눈병도 나서 아프고 부어 올랐겠지요).

도공 끝나고 나니, 그렇게 가려웠던 오른팔이 정말 하나도 가렵지 않았습니다. 그리고 오른쪽 눈의 가려움은 조금 남아 있었습니다. 입정을 하는데 '사부님 꼭 지켜드릴 것입니다. 참사람 많이 살리겠습니다.' 하는 다짐 기도가 나왔습니다. 밤늦게 내려와 그 다음날 푹 자고 일어났더니 오른팔 염증은 거의 가라앉았고 가려움증은 완전 사라졌습니다. 오른쪽 눈의 통증과 가려움은 없어졌으나 충혈기와 벅벅한 느낌은 좀 남아 있었습니다. 이 또한 태을주 수행을 통해 얼마든지 치유할 수 있다는 자신감이 들었습니다. [7월 31일 어천대치성]

눈이 밝아졌어요

서울잠실도장 안연심 / 여 / 67

저는 2013년 음력 10월 25일 입도하였습니다. 아침에 일을 나가기 때문에 새벽에 집에서 정성수행을 꾸준히 하였습니다. 저는 배움이 짧고 눈이 나빠 글을 잘 읽을 수가 없습니다. 그래서 CD말씀을 들으며 진리공부를 하였는데, 특히 태상종도사님 말씀을 계속 받들었습니다. 한 달가량의 정성공부를 잘 마치고 동지대천제(12월 22일)에 참여하였습니다.

도공을 시작하면서 눈이 좋아져서 글이 잘 보이게 해달라고 기도를 했습니다. 그리고 종도사님께서 암환자나 몸이 아픈 사람은 아픈 곳을 두드리라고 하셔서 그 말씀 그대로 왼쪽 겨드랑이를 두드리게 되었습니다. 평소에 저는 왼쪽 겨드랑이에 딱딱한 혹이 있어서 신경이 쓰이고 아팠습니다. 그래서 겨드랑이 쪽을 두드리면서 도공을 시작하였는데, 잠시 후에 몸이 후끈후끈하고 얼굴이 벌겋게 달아올라 내가 이상해지는 게 아닌가라는 생각을 했습니다. 그러면서도 계속 도공을 하였는데, 10분 정도 지났을 때부터 눈을 만지게 되었습니다. 그때 눈에서 끈적끈적한 액체가 나오기 시작했습니다. 눈물도 함께 나왔습니다.

그렇게 도공이 끝나고 집에 왔을 때, 눈물이 더 심하게 흘러내렸습니다. 뭐가 잘못됐나 싶어서 안과에 가 보았습니다. 안과에서는 별 문제가 없다고 하더군요. 그런데 놀라운 일이 벌어졌습니다. 잘 안보이던 눈이 정말 좋아져서 보이지 않던 글이 보이기 시작했습니다. 그리고 겨드랑이에 있던 딱딱한 혹도 사라졌습니다. 내가 부족한 게 많아서 제대로 신앙하지 못한 것이 아쉽지만, 너무 기분이 좋고 감사한 마음이 정말 크게 들었습니다. 치유도공의 큰 은혜를 내려주심에 감사드리며 앞으로 더 열심히 해서 꼭 은혜를 갚는 일꾼이 되겠습니다.

몸 속의 찌꺼기를
쏟아내는 느낌으로

부산중앙도장 박정모 / 남 / 38

　대천제 이틀 전, 태을주 도공 중에 집중이 되면서 숲 속에서 수행하는 느낌이 들었는데 그때 신단에서 하얀 토끼가 튀어나와 무어라 말을 하였습니다. 당시에는 무엇인지 잘 몰랐는데, 대천제 도중에 김영임 국악 명창이 노래를 부르면서 그날 의상 컨셉이 토끼머리라고 말씀을 하셨는데 그 순간 도공을 하며 체험했던 토끼가 생각이 났습니다.

　종도사님과 함께 도공을 할 때는 처음으로 올라간 무대 위인지라 긴장이 되었습니다. 그러나 사부님께서 템포를 빠르게 하시자 벌떡 일어나졌고, 기운이 강하게 내려오면서 춤을 추기 시작했습니다. 이내 큰 빛이 광명으로 뭉쳐 내려왔는데 작은 파편의 빛으로 나누어져 성도님들 사이로 향했습니다.

그리고 갑자기 폐와 위가 쫙 당겨지고 아프면서 구역질이 나왔습니다. 제 속의 찌꺼기를 80~90% 쏟아내는 느낌이 들었습니다. 그러면서 몸이 가벼워지며 입정이 되는 기운에 취하였고 도공을 마쳤습니다. [7월 20일 대천제]

교통사고의
후유증에서 벗어나

제주이도도장 양화자 / 여 / 54

저는 수개월 전에 교통사고를 크게 당해서 수술을 몇 차례 하고 오랫동안 병원생활을 하였습니다. 9월에 보은치성을 준비하면서 21일 아침 수행을 하였는데, 수행을 하면서 그동안 병원생활로 몸속에 쌓여 있던 나쁜 병기운과 탁한 기운이 많이 빠져나가고 몸이 많이 가벼워졌습니다.

아프고 힘들었던 순간을
치유해주는 도공

성남태평도장 최혁 / 남 / 32

입도 후 수행을 통해, 그리고 도공을 통해 많이 아픈 부분
이 나았고 체험을 하기도 하였습니다. 이번 도공을 통해 가
장 많이 느꼈던 부분은 예전에 아프고 힘들었고 한이 되었던
경험들이 자꾸만 풀리는 것이 느껴졌습니다. 가슴속 혹은 막
힌 곳을 도공을 통해 풀어낼 때마다 그 하나하나 막혔던 이
유가 예전에 있었던 모종의 사건으로, 그리고 그것이 한이
되고 척이 되어 막혔다는 것이 머릿속에 떠올랐습니다. 도공
을 하면서 이런 것들이 잡념이 되어 머리를 어지럽힐 때면
더욱 세게 도공을 해서 잡념을 풀어버렸습니다. 그리고 풀릴
때마다 어떤 때는 손끝이 뜨거워져서 아픈 곳을 시원하게 지

지는 것 같기도 하고, 또 어떤 때는 외과수술을 하는 것처럼 콕 집어 빼내는 것 같기도 하였습니다. 천지일월의 도공의 은혜에 항상 감사드립니다.

앉은 자리마다 연꽃이 피어나

대구수성도장 김성덕 / 남 / 26

　무박 2일 동안 태을궁에서 함께하는 수행이라 그런지 평소보다 큰 기운이 내려온 것 같습니다. 수행을 시작할 때는 누런 하늘이 열리면서 큰 기운이 내려오는 것이 느껴졌고, 특히 제물치성 도공을 할 때에 수행이 잘 되었습니다. '원황정기내합아신' 주문을 읽을 때는 성도님들 방석 사이사이마다 연꽃이 피는 장면이 보였고 북소리와 함께 개벽주를 읽을 때는 매우 강렬한 기세로 묵은 기운을 격파하기도 하고 칼로 베어내기도 하고 두들기기도 하고 찢어내기도 하면서 격렬하게 몸이 움직였습니다. 그리고 간 쪽에 있는 척신 병마가 또 다른 병마에게 지원을 요청하는 것이 느껴져 놀라웠습니다. 이후 진행된 철야수행은 힘이 많이 들어서 평소 체력관리를 잘 해야겠다는 생각이 들었습니다.

몸이 회복되고
혈압이 정상으로 돌아와

제주이도도장 박선일 / 여 / 81

작년 가을에 저혈압과 호흡곤란으로 병원에 입원을 하였습니다. 딸아이가 알려준 태을주를 하루에 5~6천독 정도로 3개월 이상 꾸준히 읽었습니다. 그랬더니 몸이 많이 회복이 되고 혈압도 정상적으로 돌아오고 평소에 주기적으로 타 먹던 골다공증 약도 끊게 되었습니다. 이러한 체험을 한 후, 매일매일 청수를 모시고 태을주를 많이 읽으면서 입도를 하게 되었습니다.

아침에 일어나니
작은 기적이

구리수택도장 박상임 / 여 / 60

6월 25일 도공의 날에 참석하였습니다. 도장에 오기 전까지 몸이 무겁고 찌뿌둥하여 힘이 들었습니다. 사부님 말씀을 받들 때 속이 시원해지는 느낌을 받았으며 도공을 하고 난 후에는 기분이 너무 좋았습니다. 그날 집에 돌아가 잠도 잘 잤습니다. 아침에 자고 일어나서 작은 기적이 일어났습니다. 며칠 동안 변비로 인하여 뱃속이 불편하였는데 아침에 일어나 막혔던 하수구가 뻥 뚫리듯이 아주 시원하게 변을 보게 되었습니다. 너무나 감사를 드리며 앞으로 더욱 열심히 도장에 참여를 하겠습니다.

대상포진이
나았어요

인천구월도장 김진홍 / 여 / 50

　이마와 머리 쪽에 붉은 반점이 나고 몸이 아픈 가운데 태을궁 수행에 들어갔습니다. 2박 3일간 수행을 하면서 붉은 반점에 딱지가 앉아 병원에 가서 진찰을 해보니 대상포진이라면서 다 나아가는 중이라고 하였습니다.

　대상포진에 걸리면 엄청 아프고 오랜 시간동안 고생하는데 태을주 수행과 도공을 하면서 고생을 많이 안하고 빨리 회복이 되었습니다.

신명의 목소리가 들렸어요

본부도장 서해숙 / 여 / 48

　오늘 태을궁에서는 이○○ 성도님에 대한 병마와 척신 퇴치 신유기도와 제물치성이 진행되었습니다. 이 치성에서 큰 기운이 내려오겠구나 하는 생각으로 성전 아래 태사부님 어진 위치쪽 맨앞의 방석에 앉았습니다. 왠지 설레는 심정이 들면서 치성에 임하는 내내 마음을 경건하게 가다듬었습니다.

　태사부님을 뵙고 싶다고 생각하며 개벽주와 운장주 주송으로 도공을 하고 있었습니다. 성전을 올려다보니 정갈하게 깔린 방석이 보여서 기분이 좋았습니다. 그런데 파란색이면서 진한 청색 방물이 보였다 없어지더니 갑자기 눈앞에 확대

된 용龍의 얼굴이 보이기 시작했고 돼지코를 닮은 코와 연결이 돼서 눈과 수염들 속에서 표정이 바뀌기 시작했습니다. 옛날에 본 용의 비늘은 금색깔이었는데...라는 생각이 스치면서, 용이 겁주는 표정을 하자 제가 고개를 흔들었습니다. 그거 말고 다른 표정을 보여달라는 뜻이었습니다. 입을 쩍 벌린 모습이 자세히 보일 때는 이빨은 보지 못했습니다. 용의 비늘에 물방울이 방울방울 달려 있기도 하고, 으르렁~하는 표정일 때는 제가 고개를 가로 저어 다른 얼굴을 주문하였습니다. 웃는 모습을 보였을 때는 저도 미소가 지어졌습니다. 때로는 배 쪽 비늘 속에서 발을 폈다 오므리는 모습이 뚜렷이 보이다가 꼬리를 흔들어 탁 쳐내는 모습도 보였고 다른 모습을 준비하러 뒤로 돌아갈 때는 머리부터 꼬리까지 다 보였는데 큰 용은 아니었습니다. 색깔은 빛에 따라 바뀌었습니다. 그러는 중에도 저는 금 색깔을 마음으로 찾고 있었는데, 빛이 비치지 않는 곳은 회색빛과 섞여 알록알록한 색으로 아무튼 금빛은 아니었습니다.

　'오늘은 병마 척신 퇴치 신유 기도를 하는 날인데 왜 용이 보일까?' 하는 생각을 하던 차에 신단 위 방석으로 자리를 옮기라는 안내 말씀이 들렸습니다. 아쉬워하면서 바로 일어나 신단 위 성전에 가서 앉았습니다.

신유팀이 이○○ 성도님 주위에 둘러 앉아 신유를 시작하였고, 그 모습이 너무도 간절하고 신기하기도 해서 운장주와 개벽주를 읽는 중간중간 바라보기도 했습니다. 신유가 잘 돼서 척신을 물리치고 쾌차하시길 기원드리며 열심히 주송을 하였습니다. 신유 열기가 고조에 이르렀고 개벽주를 힘과 정성을 다해서 읽고 있을 때 갑자기 여성의 목소리로 가기 싫은데 내쫓기는 것처럼 "아~앙~~"하는 소리가 났습니다. 순간 누가 이런 소리를 내지? 이런 엄숙한 순간에... 주위를 둘러보았지만 아무도 못 들은 것 같은 분위기였습니다. 그 순간 방금 전 들은 소리는 척신이 낸 것임을 깨달았습니다. 신유가 끝나고 일어난 이○○ 성도님이 물을 드시는 것을 보았을 때 비로소 안심이 되었습니다. [8월6일 대전]

건장한 남자가
튀어나왔어요

계룡도장 권혜성 / 여 / 48

　태을궁에서 이○○ 성도님을 신유할 때 처음부터 무엇인지 모를 답답함이 온몸을 무겁게 누르고 있었습니다. 마지막 무렵 개벽주를 읽을 때에는 숨이 막힐 정도로 가슴이 너무 답답하였습니다. 그때 갑자기 한 남자가 튀어나오더니 도로변으로 지나는 달리는 시내버스(파란버스) 안으로 쑥 들어갔습니다. 중년(40대 중후반)으로 보였고 운동선수처럼 건장한 체격을 가진 남자인데 키는 172~174cm 정도, 머리는 짧게 스포츠머리를 하였고 위에는 어두운 회색 반팔티를 입었으며 하의는 보이지 않았습니다. 저의 앞을 바람처럼 휙 지나치면서 "에잇~씨" 하는데 그것은 누구의 방해로 자기의 목적을 달성하지 못했을 때 흔히 "재수없다"고 하는 것과 같은 뜻이었습니다. 버스 안으로 들어가는 모습을 보면서 저는 "버스를 타면 저 남자는 죽겠구나" 하는 생각을 했습니다. 그리고 답답하던 가슴이 시원해지면서 숨을 쉴 수가 있었습니다. [8월6일 대전]

태을주 기운으로
씻어줘라

서울광화문도장 김은정 / 여 / 45

쾌유치성을 드리고 나서 태을궁에서 신유를 시작하였습니다. 처음에 저는 태을궁 신단 쪽으로 올라가지 않고 의자에 앉아 있었습니다.

제 조상님께서 이○○ 성도님에게 붙은 척신이 저에게 보복을 할 수도 있으니까 위에서 하는 것을 지켜보면서 운장주를 읽고 있으라고 하셨습니다. 처음 시작할 때쯤 그 척신이 불평을 하는 게 느껴졌는데 조상님 말씀이 '저 여자가 내가 아직 나갈 때가 안 되었는데 나가라고 이 사람들이 그러는구나 그러면서 입을 삐죽삐죽 하고 있다' 고 하였습니다. 신유가 한참 진행되고 있는데 그 척신이 주문 기운에 괴로워하며 들썩거리면서도 몸속에서 떨어질 생각을 안 하는 게 느껴졌습니다.

답답한 마음에 저도 태을궁 신단 쪽으로 올라가 신유팀 옆에 앉아서 성도님을 지켜보고 있었습니다. 개벽주를 계속 읽어도 큰 차도가 없는 것 같아 제가 거기 붙은 신명과 대화를 해야겠다고 생각하고 마음으로 말을 걸었습니다. 그 전에 조상님께 들은 바로는 '이 성도의 조상님이 어떤 젊은 남자를 바위로 깔아뭉개서 죽였는데 그 남자의 부인이 한이 맺혀서 갈비뼈 밑에 붙어 있다'고 했습니다. 갈비뼈 늑골 부위에 양 다리를 걸치고 입으로 이 성도님의 입을 틀어막고 아무것도 못 먹게 만들고 있다고 하였습니다. 그래서 제가 그 여자에게 말을 걸면서 '너 거기서 계속 그러고 있으면 죽는다. 얼른 거기서 나가라'고 하였습니다. 그랬더니 '나는 어차피 이러나 저러나 죽는다'고 했습니다. '무슨 말이냐'고 물었더니, '내가 이 사람을 따라다니면서 들었는데 내가 이번에 영원히 사라진다(우주일년과 개벽에 대해 자기도 들었다는 의미 같았습니다). 어차피 사라질 거라면 이 사람에게 끝까지 붙어 있다가 함께 죽겠다. 나는 원한이 사무쳐 환생도 못하고 생때같은 남편을 저 사람 조상이 죽여서 평생 청상과부로 살다가 자식도 없다. 어차피 나는 이번에 영원히 사라진다.' 라고 하는 것이었습니다. 이 말을 듣고 이 신명은 협박도 안 통하고 달래도 안 되는 것 같아 어떻게 해야 되나 고민을 하다 다음과 같이 말했습니다. '이 사람은 상제님, 태모님 일을 하는 사람이다. 상제님, 태모님은 우주의 근원이자 너의 근원이 되시는 분들이다. 네가 이 사람을 죽이고자 하는 것은 너의 근원인 상제님 태모님께 죄를 짓는 일이다. 너의 원한은 나도 너무 가슴이 아프지만 어떻게 하겠냐. 원한을 다 풀지는 못해도 더 이상 죄를 짓지는 말아라.' 그랬더니 그 신명이 막 울기 시작했습니다. 저도 따라서 울다가 '네가 그렇게 한이 맺히면 너의 근원인 상제님께로 돌아가서 빌어라. 이번 우주일년은 이미 틀렸으니까 다음 우주일년에 인간으로 다시 태어나게 해달라고 빌어봐라.' 고 했더니 그 신명이 조용해지기 시작했습니다.

그 뒤로 개벽주를 좀 더 읽었는데 제 조상님 말씀이 태상종도사님이 보내신 사자使者가 그 여자 신명을 데리고 갔다고 하셨습니다. 그리고 '태을주는 세포를 재생시켜 주는 주문이다' 라고 하면서 이○○ 성도님의 그동안 막혔던 기혈을 풀어주고 압사 상태의 세포들에게 태을주를 읽어주라고 하셨습니다. 그래서 태을주를 함께 읽기 시작했습니다. 그때는 저도 신유에 참여하여 기혈을 풀어주고 있었는데 이 성도의 왼쪽 가슴에 강한 탁기가 느껴져서 혹시 무슨 다른 병이 있나 걱정을 했더니, 제 조상님께서 그 여자 신명이 가면서 분풀이로 거기에 똥을 싸 놓고 갔다고 하셨습니다. 그래서 '그러면 어떻게 해요?' 했더니 '태을주 기운으로 씻어줘라. 그리고 온몸을 주물러서 피가 통하게 해줘라' 그래서 함께 주물러 주고 스트레칭을 시켰습니다.

태을주를 한참 읽고 있는데 문득 온화한 기운이 퍼지면서 성도님들이 졸기 시작했습니다. 조상님 설명이 태상종도사님께서 '이 ○ ○ 성도가 애써 일을 하느라고 그동안 속이 곯았다. 이번에 기운 좀 넣어 주고 와라' 하시며 치유 신명을 내려보내 주신 것이라 하셨습니다. 그때 이 성도님의 얼굴이 환해지는 것을 보았고 저도 그동안 안 좋았던 소장 부분이 뜨거워지는 것이 느껴졌습니다. 저도 치유 신명의 기운을 함께 받는 느낌이었습니다.

신유가 끝나고 밤 10시쯤 집에 도착하였습니다. 그런데 난데없이 태을주 소리가 하늘 가득 울려퍼지는 것이었습니다. 아주 많은 신명들이 한꺼번에 태을주 읽는 소리에 하늘이 꽉 차는 느낌이었습니다. 이게 무슨 일인가 했더니 조상님 말씀이 '너희들이 태을궁에 함께 모여 한마음으로 태을주를 읽어서 하늘의 조상들이 응감하여 함께 태을주를 읽는 소리다. 그동안에는 각자의 조상들이, 예를 들어 이씨는 이씨끼리, 박씨는 박씨끼리 모여서 읽었는데 오늘부터 그 가문의 경계를 헐어버리고 하늘의 조상들이 모두 하나가 되어 태을주를 읽는

다' 고 하셨습니다. [8월6일 대전]

생활과 신앙의 혁신

재생신 재생신이요, 조화 조화 만사지라.

지심대도술知心大道術이니

깊은 마음의 문을 열어 하나같이 새사람이 될지니라.

천갱생 지갱생은 다 끝났으니 이제는 인갱생人更生이 크

니라. 道典 11:205

답답했던 마음이
시원해지다

보령동대도장 박효용 / 남 / 38

저는 한동안 건강과 재정적인 문제로 도장 참여를 소홀히 하였습니다. 도장 책임자이신 수호사님을 비롯하여 성도님들께서 저에게 번갈아가며 연락을 해오셨지만, 저는 연락을 받지 못하는 경우가 더 많았습니다. 몸이 아프고 금전적 어려움에 처하다 보니 삶에 대한 불만만 느껴졌고 신앙의식도 약해졌습니다.

2년 남짓 공장에서 일을 무리하게 해온 결과 명치 위쪽 부분에 체한 듯이 먹먹함이 자꾸 느껴졌고, 걸을 때조차 숨이 가빴습니다. 왼쪽 어깨는 차가운 물체를 얹어 놓은 듯 시린 통증이 있고 왼쪽 허리와 무릎, 발목에도 통증이 있어 많이 괴로웠습니다. 그 중에서도 명치 쪽의 가슴 먹먹함이 걱정이 되었습니다. 병원을 찾아가 검진을 했는데 결과는 별 이상이 없다고 나왔습니다. 저는 공백기 동안 복잡한 머릿속을 비울 겸 산행을 시작했습니다.

　그동안 가보고 싶었던 인근의 오서산, 성주산, 만수산, 아미산 및 태화산, 가야산, 월명산, 계룡산 등을 올랐습니다. 숨이 찼지만 숲 향기를 마시고 계곡 물소리를 들으며 오래된 사찰을 구경하였습니다. 정상에 오르고 오를수록 산행의 묘미를 느낄 수 있었고 가슴의 먹먹함도 호전이 되었습니다. 그리고 제가 좋아하게 된 송소희 양의 '배띄워라'와 '뱃노래' 등을 들으며 산행을 하면 혼자지만 지루하지 않았습니다. 정상에 올라서는 바위에 앉아 주문도 읽어보았습니다. 하지만 산행을 마치고 일상으로 돌아오면 다시금 의식은 쳐지고 몸은 무기력해졌습니다. 그동안 분진이 흩날리는 공장에서 근골격계 쪽을 무리하게 써온 결과 같습니다. 그나마 산행으로 어느 정도 건강을 회복했다는 느낌이 들었습니다.

　7월 대천제가 다가왔습니다. 도장 차원에서나 개인적으로 증산도대학교나 대천제는 꼭 참석해야한다는 마음을 갖고 있었기에, 대천제 당일 다행히 태전으로 향하는 보령도장의 버스에 오를 수 있었습니다. 그동안 대천제를 위해 도장에 모여 치성과 수행을 해왔을 도장식구들을 뵐 면목이 안 섰지만, 그보다도 상제님어천 105주를 맞아 보령도장 성도님들과 뜻깊은 자리에 같이 참여할 수 있다는 기쁜 생각으로 당일 아침 일어나 발걸음을 내딛었습니다.

태전으로 가는 도중 공주 부근에서 산채비빔밥을 먹게 되었는데 오늘 행사에 국악인 김영임 씨가 온다는 이야기를 들었습니다. 저는 국악소녀 송소희 양의 노래를 즐겨 듣게 되면서, 송소희 양이 대천제에 섭외되면 어떨까라는 생각을 몇 번 한 적이 있었습니다. 그 노래들 중에서도 최근에 '뱃노래'를 거짓말 조금 섞어서 1000번 정도 들었습니다. 그래서 점심식사를 마치고 버스에 다시 올라 제 폰에 저장된 송소희의 민요를 버스 오디오를 통해 성도님들에게 들려드렸습니다.

드디어 태전에 도착하여 증산상제님 105주 어천치성이 봉행되기 시작했습니다. 저는 태을궁 1층에 들어가 맨 좌측에 깔린 방석에 앉았습니다. 종도사님의 성음에 따라 주송을 하는데 저도 모르게 눈물이 주르르 흘러내렸고 답답했던 마음이 시원해졌습니다. 어천치성 후에 국악인 김영임 명창의 공연이 시작되었습니다. '나나니' 등 다양한 민요를 통해 청중의 심금을 울리는 명인의 소리에 또 한 번 감명을 받아 울컥했습니다. 그리고 '뱃노래'를 부를 때는 참 신기했습니다. 최근 제가 가장 많이 듣고 따라 부른 노래가 '뱃노래' 인데 그 노래를 지금 이 자리에서 김영임 명창이 부르고 그 것을 우리 모두가 일어나 따라 부르고 있었습니다. '어야디 야', '어기야디야' 저에게 너무나 익숙해진 노랫말을 모두 가 따라 부르다니! 제가 원했던 건 송소희 양이 태을궁에 서 서 '배띄워라'라는 곡을 부르며 이와 같은 풍경이 연출되는 것이었지만, 그보다 더 구성진 김영임 명창에 의해 멋진 공 연이 펼쳐지니 제 소원이 이뤄진 거나 다름없었습니다. 그리 고 종도사님께서 '회심곡'에 대해 말씀하셨는데, 저도 '회 심곡'이라는 노래가 있다는 것을 한두 달 전 송소희의 '회심 곡'을 통해 난생 처음 듣게 되었고 가사가 의미깊어 되새겨 들었던 적이 있었습니다. 최근 즐겨들었던 '뱃노래'와 '회 심곡'이 태을궁에서 불려지니 신기했습니다. 그리고 종도사 님의 도훈에 이어 도공시간이 되었습니다.

저는 도공시간 초반에 종도사님께서 입도생入道生들을 중 심으로 도공의 기본을 알려주시는 것으로 생각했습니다. 그 런데 본격적으로 도공이 시작되었고 저도 몸을 흔들기 시작 했습니다. 저는 그냥 호흡과 하단전에 의식을 두고 집중하 고자 했습니다. 그러다가 종도사님께서 "모두 일어나라" 하 셔서 저도 벌떡 일어났습니다. 아까 김영임 명창이 '모두 일어나도록' 훈련을 한번 시켜줘서인지, 이번에는 성도님들이 망설이지 않고 많이 일어났습니다. 저는 점핑을 하기 시작했습니다. 위를 향해 잇달아 뛰면서 저는 오른손으로 왼쪽 어깨를 두드렸습니다. 차가운 물체를 얹어 놓은 것 같다는 그 부위였습니다. 예전에는 먹먹했던 명치 쪽을 막 쳤었는데 오늘은 시종일관 왼쪽 어깨만을 쳤습니다. 제 바로 오른쪽 옆에는 어떤 성도님께서 바짝 붙어 있어서 그분의 태을주 소리가 크고 맑게 들렸습니다. 그 성도님이 옆에서 저에게 기운을 보태주는 듯 느껴졌고, 저는 신들린 사람처럼 펄펄 뛰면서 계속 왼쪽 어깨를 집중적으로 쳤습니다. 제가 있던 자리는 좀 비탈진 곳이라 점핑하면서 앞으로 쏠려 중심잡기가 조금 어려웠지만 끝까지 해냈습니다.

다 마치고 왼쪽 어깨의 뭉쳤던 기운이 많이 가벼워졌다는 느낌이 들었습니다. 도공을 마친 후 종도사님께서 앞에 나와서 사례발표를 하라고 하셨는데, 저는 대뜸 나가서 "이렇게 아픈 데를 풀어주시니 감사드립니다."라고 말씀드리고 싶었습니다. 하지만 용기가 안 났습니다. 저는 돌아가는 지역도장의 버스를 타기 위해 태을궁 밖으로 나왔습니다. 보령에 돌아와 수호사님과 몇몇 성도님들이 모여 저녁식사를 하기 위해 식당으로 갔는데, 저는 머리 위쪽이 원형으로 간지러워서 한동안 그 부위에 신경이 쓰였습니다. 도장 참여도 잘 안한 저에게 오늘은 감사의 하루였습니다. 종도사님 성음에 따라 주송하며 흘렸던 시원한 눈물, 명창 김영임 씨와 부른 '뱃노래', 아픈 어깨를 치유받은 도공시간 등 모두가 좋았습니다. 빨리 건강을 회복하여 다시 도장신앙에 참여하도록 하겠습니다. 대천제를 준비하신 많은 성도님들의 노고에 감사드립니다. [7월20일 대천제]

북 치고 노 젓고 말 타는 도공

보령동대도장 한대용 / 남 / 40

7.20 대천제에 참석하기 위해 그동안 정성껏 태을주를 읽어왔습니다. 대천제 당일에는 야간근무를 하고 퇴근한 뒤여서 몸이 많이 피곤하였지만 기분은 편안하고 좋았습니다. 대천제를 정성껏 올리고 2부 행사가 시작되었습니다. 사부님 도훈 시간에는 도훈 말씀을 경청하다 잠깐 졸았는데 사부님께서 도공을 시작한다고 말씀하셨습니다. 사부님의 주문 성음에 맞춰 도공을 시작했습니다.

북 치는 도공, 노 젓는 도공, 말 타는 도공을 번갈아 가면서 계속하게 되었습니다. 피로 누적으로 인해 어깨가 뻐근하여 손바닥으로 살살 두드리는 도공도 하였습니다. 이번 대천제에는 도공기운이 평소보다 훨씬 강하게 내려오고 있다는 것이 느껴졌습니다. 사부님께서 일어나서 해도 된다고 말씀하셨는데 저는 한번도 서서 해본 적이 없어서 약간 망설여졌습니다. 기운이 점점 강하게 내려와 의자에 앉아서 도공을 하기에는 버거운 상황이 되었습니다. 앞 의자에 부딪쳐서 잠깐 눈을 떴는데 여러 성도님들이 서서 도공을 하고 있었습니다. 저도 일어나서 해보고 싶다는 마음이 생겨 벌떡 일어나 도공을 열심히 했습니다. 몸이 공중으로 펄쩍펄쩍 솟는 느낌이었습니다. 10여분간 펄쩍펄쩍 뛰면서 했습니다. 기운이 솟구쳤습니다. '이 도공기운을 열심히 받아서 포교를 열심히 해보리라' 마음을 먹고 최선을 다해서 도공을 했습니다. 온몸이 땀으로 흥건해졌습니다. 피곤기도 사라지고 어깨와 뒷목이 뻐근하던 것이 없어졌고 오히려 기분은 날아갈 듯이 상쾌했습니다. 은혜로운 도공기운을 내려주신 종도사님께 진심으로 감사드리며, 천지일월의 천명을 받들어 육임을 완수하고 천하창생을 살리는 데에 최선을 다하겠습니다. 보은! [7월20일 대천제]

몸이 쭉쭉 늘어나는
느낌이 들어

부천상동도장도장 김명성 / 여 / 41

저는 치성을 시작하기 30분 전에 미리 와서 도복을 갈아입고, 신단 앞쪽에 자리를 잡고 앉아 태을주를 읽으며 준비를 했습니다. 그런데 시작하기도 전에 이미 기운이 내리고 있음을 느꼈고, 큰 기운이 오늘 내릴 것을 직감했습니다. 마음이 설레고, 기분이 붕 뜨며 몸이 가볍게 느껴졌습니다. '태을주 천지조화 종통과 도공의 날'을 맞아 이렇게 사부님을 직접 모시고 큰 기운과 은혜 속에 참석하게 되어 참으로 감사드립니다.

처음 '지기금지원위대강' 주문 도공을 시작하면서 전율이 오기 시작했고 열도 오르기 시작했습니다. '원황정기내합아신' 주문이 나올 무렵부터 제 몸으로 도공기운이 들어가는 것을 느꼈습니다. 그러자 숨이 가빠지고, 호흡이 힘들어졌습니다. 몸은 마치 고무처럼 팔을 흔드는 대로 쭉쭉 늘어나는 것 같았고, 머리도 위로 당겨져 목이 길게 늘어나는 느낌이었습니다. '악귀잡귀금란장군'을 읽으면서 호흡은 더욱 가빠져 숨쉬기가 어려울 정도였습니다. 움직임이 점점 더 빨라지면서 몸은 엿가락 늘어나듯 쭉쭉 늘어나는 느낌이 들고, 몸은 가벼워져 엉덩이가 절로 들썩이고, 몸이 뜨거워지다가 얼굴까지 벌겋게 달아오르는 느낌이었습니다. 그리고 마지막으로 태을주 도공에 들어가는데 갑자기 감정이 북받치며 눈물이 흘렀습니다. 저의 몸동작은 팔을 흔들며 열심히 질주하고 있었습니다.

그때 갑자기 태상종도사님의 성음이 들렸습니다. "멈추지 마라. 멈추지 마라. 멈추지 마라!" 화내는 어조도, 엄한 어조도 아니었습니다. 부드럽고 자애로운 음성이었습니다. 그리고 제 좌측 얼굴 바로 옆으로 태사부님 용안이 보였습니다. 저는 눈물을 계속 흘렸고, 계속 달렸습니다. 그리고 기도를 드렸습니다. "태사부님, 제가 멈추지 않을 수 있도록 도와주시옵소서! 제가 가지고 나온 천지사명을 완수할 때까지 절대 멈추지 않도록 함께하여 주시옵소서! 멈추지 않겠나이다! 멈추지 않겠나이다! 멈추지 않겠나이다!" 이 글을 쓰는 지금도

"멈추지 마라"는 태사부님의 성음이 가슴에 맴돌며, 감정이 북받쳐 오릅니다. 도공의 은혜를 내려주심에 깊이 감사드리며, 멈추지 않겠나이다. [7월9일 수요치성]

묵은 기운이
벗겨지는 느낌으로

정읍연지도장 강경원 / 남 / 47

   7.20 상제님 어천 105주 천지보은 대천제에 참석하였습니다. 종도사님과 함께하는 도공에 기쁜 마음으로 참석하였습니다. 도공이 시작되자마자 몸을 가볍게 두드리는 동작으로 출발하였는데, 1분 정도가 지나면서부터는 도공이 자동으로 이루어졌습니다. 또한 어느 순간부터인지 제 손이 상체 여기저기를 두드리기 시작하였습니다. 처음에는 약하게 두드리더니 나중에는 제 손바닥이 아플 정도로 상·하체 구분없이 여기저기 두들기기 시작하였습니다. 나중에 넓적다리를 보니까 약하게 멍이 들어 있었습니다.

   종도사님께서 일어나서 할 사람은 서서 도공을 하라고 해서 저도 일어나서 도공을 하였습니다. 처음에는 허리와 팔을 태극형상으로 돌리는 태극권 같은 춤 동작을 하더니, 그 동작이 끝나자 제 자리에서 뛰면서 손을 흔드는 동작을 약 5분 정도 지속하였습니다. 처음에는 약하게 뛰어오르다가 나중에는 바닥에서 30~40㎝ 정도로 높이 뛰어올랐습니다. 그때 저의 몸은 땀으로 완전히 범벅이 되어 있었고, 머리도 상하좌우로 흔들어대는 바람에 정신이 없었습니다.

이러한 동작이 끝나자 이번에는 아프리카의 마사이족처럼 제자리에서 높이 뛰는 춤을 추었습니다. 제자리에서 팔을 몸 옆에 붙이고 머리가 태을궁 천장에 닿는다는 느낌으로 약 10분 정도 뛰었습니다. 뛰는 동작을 격렬하게 지속하다 보니 숨이 턱밑까지 차오르고 탈진에 가깝게 되어 저도 모르게 그 자리에서 털썩 주저앉았습니다. 3분 정도 쉬고 다시 앉아서 도공을 하였는데 그때는 온몸의 잡다한 생각과 탁기가 다 빠졌다는 생각이 들었습니다. 도공을 마무리할 때는 마치 배추에서 겉껍질을 다 벗겨내고 속고갱이만 남은 것 같은 느낌이 들었습니다.

천지의 신교를
받아내리는 도공

부산중앙도장 김보람 / 여 / 25

저는 평소에 "도공을 한다는 것은 천지의 신교를 받아내리는 것이다." 라는 종도사님 말씀을 마음 속에 항상 간직하며 생활하고 있습니다. 지난 6월 13일, 무인홍보대를 설치하고 도장에서 다함께 도공수행을 할 때였습니다. 도공을 시작하기 전, 입정의 시간에 도공수행 서원서를 읽었는데 그 내용 중 '칠성도수를 완수하겠사오니 지기를 크게 내려주시옵소서.' 라는 말에 온몸이 떨리면서 의기가 솟구쳤습니다.

그리고 태을주 도공을 시작하자 구름이 뭉게뭉게 일어났고, 습기가 스멀스멀 피어올랐습니다. 곧이어 '지기금지원위대강' 주문 도공을 하는데 처음에 화살로 어느 목표를 향하여 쏘다가 화살통이 내 어깨에 걸쳐졌습니다. 그리고 잠시 후 화살통에서 바다에 낚시하러 갈 때 들고 가는 가벼운 나무로 연결된 그물망이 꺼내어졌는데 하늘에서 뭔가가 자꾸 내려오면서 그물망이 점점 무거워졌습니다. 작은 그물망이 가득차면서 자연스럽게 엄청 큰 그물망으로 변했는데 이게 너무 무거워서 들 수가 없었습니다. 그물망에 가득 담긴 것을 함께 들어올리려고 한참을 힘을 썼습니다. 도공을 하는 내내 이렇게도 해보고 저렇게도 해보면서 그물망을 있는 힘껏 들어올리려 애를 썼지만 쉽게 들리지 않았습니다. 그러다가 마지막이라는 생각으로 온 힘을 다해 양손으로 그물망을 둘러멘 후 스스로 하나, 둘, 셋!, 으이차! 하면서 온 기력을 쏟아붓고 지기금지원위대강을 외치며 그물망을 들어 올렸습니다. 그런데 그물에 담긴 것은 바로 사람이었습니다. 무수히 많은 사람들이 그물망에 담겨 있었는데 그 사람들이 담긴 그물망을 들어 올리려고 하니까 쉽지 않았던 것입니다. 이 그물망을 들어 올리고 난 후 도공을 하는데 엄청 기분이 좋고 가슴에 뿌듯함이 가득 차올랐습니다. 이 날 도공을 통해 앞으로 많은 세상 사람들이 우리 진리의 그물망을 향해 달려들고 담겨질 것이라는 것을 느꼈습니다. [6월 13일 금요일]

갇혀있던 내면을
끌어내다

마산회원도장 김미화 / 여 / 51

　도공을 시작할 때부터 온몸에 전율과 함께 기운이 느껴졌습니다. 양손을 옆으로 누운 팔자 모양으로 그리면서 도공 동작을 시작했는데, 나중에는 몸 전체가 자동적으로 같은 움직임을 보이고 있었습니다. 그러다가 갑자기 따뜻한 기운이 머리에서 어깨를 타고 내려와 덮어주었습니다. 이어 손바닥 넓이만큼 되는 무명실 같은 모양이 세로로 물을 끌어내리듯 줄기를 양손을 서로 교체하면서 잡아내리는데 저도 모르게 울음이 터져나오기 시작하였습니다. "고맙습니다. 이렇게 죄가 많은 저에게 이 큰 기운을 주심에 고맙습니다."라는 말을 반복하면서 정말 어린아이처럼 엉엉 울었습니다. 그리고 종도사님께서 태을주를 시작하실 때에는 내면의 어떤 곳에

간혀 있던 제 자신을 밖으로 끌어내는 듯한 마음으로 태을주를 읽었습니다. 그러면서 정말 편안한 마음이 들었습니다. [6월 도장 체험사례]

머릿속에 쌓였던 것이
하나둘 풀려나가

본부도장 정대업 / 남 / 58

집중수행을 위해 태을궁에 입소하여 첫 시간에는 전날에 들어온 탁기로 인해 주송 시간 내내 무척 힘이 들었습니다. 약 30분에 걸쳐 가슴과 등을 두드리자 탁한 기운과 막혔던 기혈이 뚫리는 것을 느꼈습니다. 입으로 묵은 가래가 나오고, 눈에서도 눈물이 쏟아졌습니다. 그 뒤 시원함을 느꼈고, 전날 다른 곳에서 받은 탁기가 다 빠져나갔음을 알 수 있었습니다. 자정이 되어갈 무렵 인당에 기운이 크게 뭉쳐지더니 머릿속에서 사진첩처럼 차곡차곡 쌓였던 것들이 하나 둘 사라짐을 느꼈습니다. 마치 화장지 두루마리가 펼쳐지듯이 다 풀려나가자 머릿속이 시원해지면서 텅 빔을 느끼게 되었습니다.

온몸에
에너지 막이 형성돼

부산중앙도장 김하늬 / 여 / 31

　　대천제 2차 도공시 기운을 듬뿍 받았습니다. '기운을 받는다는 것이 이런 거구나' 하는 것을 느꼈습니다. 몰입이 되어서인지 도공이 금방 끝나버렸습니다. 3차 도공 때에는 온몸에 에너지 막이 형성되어 있다는 것이 손으로 느껴졌습니다. 또 성전에 기운이 가득한 게 무중력 상황이 된 것 같았습니다. 내 의지와는 상관없이 손이 위로 올라갔고, 계속 팔을 들고 있는데 기운에 따라 몸이 자연스럽게 움직였습니다. 신기했습니다. 도공의 은혜를 받고 나니 즐겁고 자신감이 생겼습니다.

태을주 1백만독읽기
체험사례

만사무기萬事無忌, 만사여의萬事如意하니

여의주如意珠 도수는 태을주니라. 道典 9:199

오는 잠 적게 자고 태을주를 많이 읽으라. 道典 7:75

무엇이든 이뤄주는 태을주 조화!

부천상동도장 장태순 / 여 / 58

태을주 계수기는 나의 분신

저는 140년 음력 12월 13일 입도를 하였습니다. 제 입도 교육을 이끌어 주신 수호사님께서는 근본신앙과 신도5대 수칙을 일러주시며 1년 동안 원칙 그대로 지키라고 누차 당부하셨습니다. 그후 105배례와 태을주, 운장주 100독과 진리공부를 7개월 동안 하루도 빠지지 않고 병행하였습니다. 141년 7월 즈음 동지절을 앞두고 태을주 1,000독 읽기를 해야 한다는 말씀이 있어, 말씀을 받들기 위해 계수기를 준비하여 매일 태을주를 읽었습니다. 하루 1000독에서 2000독으로 점점 숫자가 늘어났습니다. 저는 태을주 조화니 뭐니 그런 것은 개의치 않았고 그냥 모두가 해야 하는 신도의 의무

로만 알았습니다. 그러다 보니 어느 순간 저도 모르게 태을 주를 읽고 있었고, 자면서도 계수기를 놓지 않고 태을주를 읽게 되었습니다. 계수기는 어느덧 저에게 없어서는 안될 만큼 저의 분신이 되었습니다.

조상님께서 늘 함께하시고

어느 날부터 수행을 하고 있는데 왼쪽 귀에서 또 다른 태을주 소리가 자꾸 들렸습니다. 귀가 잘못된 줄 알고 병원에 가야겠다는 생각이 들 정도였습니다. 한번은 남편은 거실에 있었고, 방에서 혼자 수행하고 있는 데 제 옆으로 남편의 형상이 스르르 와서 앉는 모습을 보았습니다. 어느 날은 산 중턱에서 마치 용광로에서 흘러나오는 불덩이 같은 것이 보였고, 또 어느 날은 어렸을 때 보았던 큰 트럭이 줄지어서 둥근 라이트를 환하게 밝히고 있는 모습도 보았습니다.

그러던 중, 저희 둘째딸이 졸업을 하고 대기업에 이력서를 넣었는데 같은 직장에 두 번이나 떨어졌습니다. 떨어지고 우는 딸을 볼 적마다 제 마음은 많이 아팠습니다. 저희 집안이 그 당시 사업에 실패해서 힘든 상황이었는데 대기업에서 가족 상황을 본다는 말에 신불자인 부모 때문에 취업이 안 되는구나 싶었습니다. 그때 문득 위급할 때 상제님을 세 번 부르면 도와주신다는 생각을 하게 되었습니다. 위급상황은 아니지만 전 매달렸습니다. 상제님, 태모님, 천지신령님, 조상님께 간절히 애원하고 기도를 올렸습니다. 아이는 세 번째 같은 회사에 이력서를 넣고 시험을 본 후 면접을 기다리고 있었습니다. 면접과 발표를 며칠 앞두고 꿈을 꾸었는데, 아이가 집을 떠나는 모습이 보였고 또 작달막한 여러 과일나무에 붉은 과일들이 광채를 내며 나무마다 탐스럽게 열려있는 것을 보았습니다. 느낌이 좋았고, '아~이번엔 혹시나?' 하는 기대를 하게 되었습니다. 딸은 드디어 대기업에 합격을 했습니다! 꿈을 꾸었던 것과 같이 딸은 집을 떠나 천안에서 회사 기숙사 생활을 하고 있습니다. 그때 전 확신을 했습니다. 조상님께서 정말 함께 하시고 계시다는 것을……. 비록 조상선령님께서 제 앞에 보이진 않았지만, 누구든 마음먹고 정성을 드리면 도와주신다는 것을 알았습니다. 그동안 조상님들을 잊고 살았던 것이 죄스러웠습니다.

무엇이든 생각대로 이루어져

그러던 어느 날 무엇이고 원하는 것을 생각하면 생각대로 이루어지는 것을 알게 되었습니다. 무엇이든 마음먹은 것이 뜻대로 이루어지는 게 이상해서 수호사님께 이런 저런 상황을 말씀드렸더니 '성령께서 마음에 감응하신 것'이라고 하시더군요. 저는 깜짝 놀라면서도 기뻤습니다. 처음엔 우연일 거라고도 생각했었지만, 우연치고는 너무 자주 일어나는 것이었습니다.

어느 겨울날, 김장철이라 배추를 주문해야 하는데 때를 놓쳐 주문을 하지 못했습니다. '귀찮은데 담그지 말자!' 하면서 '누가 김치 9통만 주면 좋겠다'고 혼잣말로 지껄였습니다. 그러고 난 며칠 뒤에 어느 가게 앞을 지나는데 배추를, 그것도 신기하게 제가 주문하려했던 9포기를 숫자까지 정확하게 그냥 준다는 거예요. '왜! 아무런 이유도 없이, 주인과 친분도 없는 저에게, 그것도 제가 주문하려고 했던 양만큼 그대로 준다는 것일까?' 이것이 태을주 조화라고 해야 할지는 모르겠지만, 정말 마음먹은 것이 이루어지니까 신기하기도 하고 겁도 났습니다. 저는 단지 순수한 마음으로 태을주를 읽었을 뿐인데 말입니다. 정말 태을주에는 뭔가가 있었습니다.

지금은 예전보다 수입이 부족하지만 태을주 조화기운인지는 몰라도 그때그때 필요한 만큼 돈을 채워주시는 것을 느낍니다. 세상 사람들한테 얘기하면 잘 믿지 않습니다. 어떻게 그럴 수가 있냐고, 어떻게 채워지냐고……. 그건 저 혼자 느끼고 체험하는 것입니다. 세상 사람들은 어디서 눈먼 돈이

뚝 떨어지는 게 채워지는 거라고들 생각합니다. 하지만 저는 그때그때 필요한 만큼 누구를 통하던지 어떤 이유로든 채워 주고 계시다는 것을 압니다. 그때그때 채워지는 게 정말 신기하고 감사합니다.

살아가는 이유를 알아서 늘 기쁘고 행복해

예전에는 지금보다 수입이 더 많았는데도 늘 부족한 돈에 대한 걱정을 버릴 수가 없었습니다. 하지만 입도 후에는 아무런 대처 방안도 없이 신앙하는 시간을 벌기 위해 직장을 그만두었습니다. 돈이 부족했지만 크게 걱정이 안 되었습니다. 만약 신앙을 뒤로하고, 태을주를 읽지 않고 생활을 우선으로 했다면 지금의 제가 없었을 것입니다. 돈의 노예가 되어 이 좋은 상제님 진리를 받아들일 수 없었을 테고, 신앙의 은혜와 진리의 기쁨을 모르고 살았을 것입니다. 지금의 저는 입도 전에 비하면 비록 돈은 없지만 마음은 풍요롭고, 제가 살아가는 이유를 알아서 늘 기쁘고 행복합니다. 이 모든 상황은 진리를 전혀 모르고 배움이 부족했던 제가 진리를 알수 있도록 조상선령님들이 배려해주신 음덕이었음을 느끼게 되었습니다. 돈이면 모든 게 다 되는 줄 알고 살았던 지난날의 어리석음을 일깨워 주신 은혜에 감사드립니다.

저는 입도 후 아침에 식사를 마치면 아침수행을 하고 진리 강의를 두세 시간씩 꼭 들었습니다. 도장치성 시 태사부님, 사부님 도훈을 듣고, 집에 와서 다음날 인터넷 증산도대학교 사이트에 들어가서 다시 말씀을 들으며 철저히 복습했습니다. 그래도 무슨 말씀들인지 잘 들어오지 않았습니다. 이곳 저곳 인터넷을 뒤져가며 모든 강의를 듣기를 8개월. 어느 순간, 모든 말씀들이 이해되고 여기저기서 들었던 내용들이 정리가 되어 들어왔습니다. 입도 공부할 때 하나도 알아듣지 못하던 수호사님 말씀도 어찌나 귀에 쏙쏙 들어오던지 참 놀랍고 신기하였습니다. 제 머릿속에 모든 진리가 어느 정도 그려지면서 제가 무엇을 해야 하는가를 알게 되었습니다. 도무넷과 상생방송의 모든 강의를 두 번, 세 번씩 들었고, 지금은 사부님의 우주변화원리 도훈을 다시 반복해서 듣고 있습니다. 이제 말씀들이 받아들여지지만 아직은 누구에게 제대로 조리 있게 전하지는 못합니다. 다만 제가 이렇게 공부할 수 있도록 그리고 진리 속에 깨어날 수 있도록 조상님께서 뒷받침해 주고 계신다는 것을 철저히 깨닫고 있습니다.

태을주 100만독 읽기를 시작하고

2012년 7월에 저는 태을주 백만독 읽기를 시작했습니다.

무엇을 체험하겠다는 생각보다 증산도 신앙인으로서 당연히 해야 하는 것으로 알고 밥 먹듯, 숨을 쉬듯 늘 태을주와 함께 했습니다. 그해 겨울에 심한 감기가 들었습니다. 전 아프면 그냥 굶는 터라 이틀을 누워 태을주만 읽었습니다. 감기 낫게 해달라고 한 적도 없고 그런 생각도 못했습니다. 그냥 습관적으로 읽었습니다. 8천독, 9천독을 읽다가 문득 힘없이 누워서 제 옆에 서 있는 남편을 향해 그냥 "내 감기 좀 가져가면 안 될까?" 농담 삼아 한마디를 던졌습니다. 평소 건강한 편인 남편이 조금 있으려니 "오! 이거 나도 감기 오는가봐! 머리가 띵하네."라고 말하더니 열이 나기 시작했습니다. 저는 그대로 가뿐하게 일어나 밥도 먹고 몸이 가벼워졌습니다. 약 한번 안 먹고 그 지독한 감기에서 벗어났습니다. 저는 다른 생각 없이 태을주만 계속 읽었어요. 그해 감기는 무척 지독했었습니다. 그 뒤로 남편은 일주일을 병원가고 약 먹고 그래도 잘 안 나아 고생을 많이 했습니다. 지나고 생각하니 그게 태을주 조화였음을 알았습니다. 미안하게도 남편은 지금도 그것을 모르고 있습니다.

가슴이 터질 것 같은 설렘으로

어느 날 아침 공부하던 중에 갑자기 사람을 만나 진리를 전해야겠다는 생각이 들면서 저를 인도해 주신 분께 전화를 드려 "포감님, 포교를 하고 싶어요!" 하고 외쳤습니다. 마치 가슴이 터질 것 같은 설레임이랄까? 누구라도 만나서 진리의 말을 내뱉고 싶었던 겁니다. 사람을 살린다는 것, 진리를 전해야한다는 생각이 막 재미있게 다가오는 것이었습니다. 아직은 용기가 많이 부족해서 안타깝고 답답하고 두려움이 앞서지만, 길을 지나가다가도 사람들을 보면 상제님 진리를 알려야 한다는 생각이 간절해졌습니다. 제가 좀더 용기와 자신감을 얻을 수 있게 되기를 늘 기도올려 봅니다. 저는 정말이지 제가 이렇게 변한 것에 스스로 놀라곤 합니다. 남 앞에서 말도 못하고 제 생각을 제대로 전하지도 못하던 제가 이런 마음이 생겨난다는 것이 참으로 놀라울 뿐입니다. 이번에 입도를 한 친구들에게도 두서는 없지만 진리를 애기하면 막힘이 생겨나고 신이 나고 하는데, 이건 분명 제가 하는 게 아닌 듯했습니다. 부족한 저를 믿어줬던 친구들에게도 감사하고 끝까지 함께할 수 있기를 깊이 소망합니다. 저는 많이 부족합니다. 하지만 인생에서 무엇이 가장 중요하고 어떤 삶을 살아야 하는지를 깨달았습니다. 앞으로 신앙인으로서 지켜야 하고 해야 하는 일에 최선을 다하겠습니다.

조화를 체험하는
태을주 도정집행

김해내외도장 서일수 / 남 / 47

태을주 체험사례에 대한 저의 간단한 체험을 소개하고자 합니다. 태상종도사님께서는 '태을주는 제1의 생명이다. 지나간 봄여름 세상의 주체는 사람이고 가을겨울 세상의 주체는 신도다. 태을주는 제1의 생명의 뿌리다' 라고 말씀하셨습니다. 종도사님께서는 '추지기는 신야라. 신의 궁극은 태을천 상원군님이시다. 무궁무궁 태을주, 태을주를 열심히 읽어서 조화를 체험하는 신앙을 하라.' 하시며 '태을주 백만독 읽기 운동' 을 하명하셨습니다.

태을주 묵송에 집중하자

저희 도장에서는 3, 4월부터 종도사님의 명에 의해 태을주 백만독 읽기를 시작했습니다. 많이 읽지는 못하고 하루에 천독을 읽으면 아주 빠듯했습니다. 사실 천독도 매일 읽기가 힘들었습니다. 하루에 겨우 몇백독 정도였습니다. 증대나 종의회 때 간부들과 만나 도담을 나누어보면 다들 하루에 2~3천독은 읽는다고 하였습니다. 저는 그때 이 사람들이 일은 안하고 태을주만 읽고 다니는가 보다고 생각했습니다. 그러면서도 오기가 생겨 '나도 한번 해 보자' 해서 태을주 묵송을 하기 시작했습니다. '백만독을 하려면 하루에 천독씩 약 3년을 해야 되는구나. 어떻게 하지?' 라는 생각에 노심초사하면서 그냥 읽었습니다. 이왕하는 거 묵송을 정식으로 하자 해서 숨을 들이마시면서 3번 읽고 내쉬면서 1번을 읽었습니다. 포교활동하고 교육하고 대상자들을 수렴하고 하면서도 주문을 읽다가 보니 하루에 3~5천독은 읽게 되었습니다. 오히려 밖에서 활동할 때 더 많이 읽게 되었습니다.

태을주 읽은 지 두 달 후

제가 몇년 전에 폐렴을 앓은 적이 있었는데 가슴 X레이 사진을 찍어보면 지금도 그 상처가 나옵니다. 밤에 자다가도 숨이 막혀 새벽에 깨는 경우가 하루에도 수차례씩 있었습니다. 아예 이틀에 한번 꼴로 잠을 못 잤습니다. 태을주를 계속 읽은 지 약 두 달 정도가 지난 어느 날 밤, 몸에서 이상한 냄새와 탁기 같은 게 입으로, 코로 주체를 못할 정도로 막 나오는 것입니다. 병 기운이 나오는 건가 생각을 했습니다. 다음 날 잠깐 시간이 나서 도장 뒤에 있는 산으로 산책을 나갔습니다. 처음 산에 오를 때 숨이 턱까지 차올라 많이 힘들었습니다. 태을주를 읽으며 산을 5분, 10분쯤 올라가는데 눈앞에서 어떤 환한 기운이 몸에 쑤욱 들어오더니 갑자기 몸에 힘이 막 생기는 겁니다. "어, 이상하다!"고 생각하면서도 몸이 깃털처럼 가벼워지고 눈앞이 밝아지기 시작하는데 등산화 신은 발이 너무도 가벼워 한번 뛰어봐야 되겠다고 생각하고 산을 뛰어 보았습니다. 100미터를 뛰고 200미터를 뛰고 500미터를 넘어 정상까지 뛰어가게 되었습니다. 정상에 앉아 태을주를 잠시 읽은 뒤에 올라올 때도 뛰었는데 내려갈 때도 뛰어보자고 생각하며 뛰었는데 왕복 약 2시간 가량 걸리는 거리인데 45분 만에 다녀왔습니다. '이게 태을주 도공기운이구나' 라는 생각이 들더군요. 내 스스로 잘 믿기지가 않고 이상하였습니다. 제가 체력적으로 강한 편은 아닌데 평지도 아니고 산을 뛰어다녔으니 당연히 이상하죠. 며칠 뒤에 다시 산책을 나갔습니다. 이때는 다시 50분 만에 갔다오지 못하면 그때의 일은 우연일 뿐이다 생각했죠. 계속 태을주를 읽으며 걷고 뛰었습니다. 이날은 2시간 거리를 40분 만에 갔다 왔습니다. 폐가 좋아진 건가 생각을 해보니 폐활량이 2~3배 정도 늘어나 있는 겁니다. 어느날 묵송을 하는데 숨을 마시면서 태을주를 10번 읽고 내쉬면서 7~8번 정도를 읽고 있는 겁니다. 묵송의 길이가 평소보다 훨씬 길어져 있는 겁니다. 이 정도면 폐가 나아진 거 아닌가요?

하루 태을주 1만독, 염념불망 태을주

태을주를 매일 읽다보니 물리적으로 많이 읽는 것도 참으로 중요하다는 생각이 들었습니다. 앉아서 소리내어 읽는 주송시간은 계산을 안하고 하루에 태을주 묵송을 천독 이하로 읽은 날은 내 자신의 감정대로, 감정에 휩쓸려서 살아가고 있다는 걸 느꼈습니다. 태을주를 읽은 시간보다 안 읽는 시간이 많아 내 감정에 많이 휩쓸리는 하루가 된 것을 알았습니다. 하루에 묵송 2~3천독을 읽은 날은 아직도 내 생각이 많은 상태였습니다. 2~3천독을 하는데 전체적인 시간으로 따지면 하루 종일 읽었다고 생각이 되지만 시간상으로는 2~3시간 정도 밖에 안되기 때문에 나머지 시간이 문제였습니다. 그러다 보니 생각이 많은 거였습니다. 약 5천독 이상을 읽으니 활동을 하든 교육을 하든 수렴을 하든 심방을 하든 무엇을 하든 항상 입에서 태을주가 맴도는 하루가 되었습니다. 24시간을 무조건 태을주만 읽을 수는 없지만 묵송 5천독 정도가 되어야 하루 종일 태을주를 읽는다는 생각이 들었습니다. 그리고 7~8천독을 읽은 날은 태을주 조화를 믿는 상태가 되어 태을주를 읽고 있는데 또 태을주를 읽는 상태가 되었습니다. 앉아서 태을주 주송을 하고 있는 와중에도 묵송으로 태을주를 읽는 상태가 되었습니다. 만독을 할 때는 하루종일 염념불망, 오매불망 태을주가 되어 꿈에서도 태을주를 읽는 상태가 되었습니다. 정말 잠결에도 태을주를 읽는 상태가 되었습니다. 만독을 할 때는 아예 딴 생각할 틈이 없었습니다. 그냥 생활 자체가 태을주로 시작해서 태을주로 끝나는 하루가 되었습니다.

태을주는 선령 해원주문이라는 말씀처럼 많이 읽을수록 천도식을 하고자 하는 신도들이 늘어나고 선령에 대한 깊은 감사를 느끼고 있습니다. 천도식을 통해 신도들의 친분이 더 깊어지는 걸 느낍니다. 자연스레 도장 목표도 완수가 되고요. 종도사님께서 말씀하신 '태을주 도정집행'이 이런 거구나 하는 걸 많이 느끼고 있습니다. 태을주 화신이 되라는 종도사님의 가르침을 받들어 많은 성도님들이 태을주 조화를 체험하고 천명을 이루시길 기원드립니다.

자애로우신
태상종도사님의 가르침

계룡도장 권혜성 / 여 / 48

태상종도사님께서 제 꿈에 오셨습니다. 하얀색이면서 조금 옥색빛이 도는 두루마기를 입고 오시어 "도장책임자의 도정운영지침이 뭐냐"고 물으시며 여기에 쓰라고 하셨습니다. 제가 하얀 A4 용지에 무슨 내용인지 가득 써서 올렸더니 먼저 가운데 부분에 둥그렇게 원을 그으시고 "덕德" 자를 쓰시고 오른쪽에 또 둥그렇게 원을 그리시고 "성性" 자를, 앞부분에 원을 그리시고 "도道" 자를 써 놓으셨습니다.

그러시면서 덕德 자를 가리키시며 덕은 덕德과 덕망德望이다. 다시 말하면 책임자는 덕이 있어야 하고 또 신도들이 우리 책임자가 정말 괜찮다, 책임자는 훌륭한 사람이라고 인정하고 받들 정도로 덕망이 있어야 한다. 성性은 변하지 않는 참마음 일심一心, 심법心法이다. 도道는 상제님 천지사업을 이루어 나가는 길에서 어떤 시련과 고난, 풍파가 휘몰아쳐 와도 꺽이지 않는 정의正義와 충직忠直이라고 말씀해 주셨습니다. 꿈속에서도 태상종도사님의 모습은 아무것도 모르는 자식에게 하나하나 차근차근 가르쳐 주시는 아버지처럼 자애로우시면서도 근엄하신 모습이셨고 목소리는 도훈 말씀을 내려주실 때처럼 힘 있고 쩌렁쩌렁하셨습니다. 태상종도사님께서 떠나가신 다음에도 저는 수십 번을 '덕성도', '도덕성'이라고 반복하다가 꿈에서 깨었습니다. 너무도 생생한 꿈이어서 공유해봅니다. [7월29일 체험]

돌아가신 부친께서
흰옷을 입고 나타나

부천상동도장 풍티뚜안 / 여 / 32

저는 한국생활 8년차인 32세의 베트남 여성으로서 7.20 대천제 때 인도가 되어 두 달 후 입도하였습니다. 도장의 치성 및 천도식 제사문화가 베트남의 전통 신앙문화와 너무 흡사하여 친밀감이 들었고 신앙을 이해하고 실천하는 데에도 많은 도움이 되었습니다.

수행을 생활화하기 위해 태을주 독송을 일일 500독부터 시작하여 지금은 2500독 이상 송주하고 있고, 매일 새벽 2시까지 수행을 하고 있습니다. 수행을 하면 마음이 편해지고 광명체험을 하게 되는데, 한번은 4년 전 돌아가신 아버지가 흰옷을 입고 나타나 열심히 하라는 말을 하셨습니다. 베트남에 계신 몸이 아픈 어머니를 낫게 해드리고 싶고 가족을 진리로 인도할 계획을 갖고 있습니다.

태을주 수행과 도공,
어떻게 할까요?

봉청수와 기도

● 기도와 수행은 음양짝입니다. 먼저 육신을 정화하고 죄업을 참회하기 위해 천지에 청수를 올립니다. 태고로부터 우리 민족은 신교를 신앙하면서 크고 작은 모든 일에 청수를 모시고 기도를 드렸습니다. 봉청수奉淸水를 하고 간절한 마음으로 반천무지攀天撫地로 사배를 올리며 심고를 드립니다.

올바른 복장과 자세

● 복장은 수도복을 입는 것이 가장 좋습니다. 수도복이 없는 경우 일상복과 구분하여 따로 정갈한 옷을 수도용으로 정해놓는 것이 좋습니다. 특히 옷이 몸(특히 하복부)을 조이지 않도록 편안한 옷을 입어 최대한 호흡을 안정적으로 할 수 있도록 합니다.

● 무릎을 꿇거나 평좌로 앉되 허리를 곧게 펴는 것이 가장 중요합니다. 양손은 가볍게 말아 쥐고 몸쪽 가까이 허벅지 위에 올려놓아 어깨가 구부러지지 않도록 합니다. 고개는 아래턱을 약간 끌어당기는 기분으로 반듯하게 유지합니다.

● 눈은 지그시 감거나 혹은 자기 코앞이 보일 정도로 반개半開합니다. 눈앞에 발을 친 것처럼 눈을 반쯤 감고 반쯤 뜨고 해도 됩니다.

올바른 주송법

● 태을주를 읽을 때는 의식을 하단전에 두거나 또는 태을주 소리에 집중해서 소리와 내가 하나가 되도록 하며 읽습니다. 정확한 발음으로 분명하고 맑고 경쾌하게 읽어야 합니다. 리듬을 살려서 고저장단이 있으며 운치있게 읽는 것이 좋습니다.

● 정좌하고 앉아서 수행하는 것 외에 걸어다니면서 읽고, 일하면서도 읽고, 호흡하듯 24시간 입에 태을주를 물고 다니며 읽습니다. 태을주 정공靜功 수행과 동공動功인 도공道功 수행을 병행해야 태을주의 천지기운을 크게 열수 있습니다.

수행에 좋은 시간대

● 수행은 하루 중 새벽 인시(寅時, 3~5시), 묘시(卯時, 5~7시)에 하는 것이 가장 좋습니다. 이때 양기陽氣가 동하기 때문입니다. 그 시간이 힘들면 최소한 아침 기상 직후와 밤 취침 직전에 수행을 하는 것이 좋습니다.

● 태을주 세계를 빨리 체험하려면 집중해서 오래 읽는 것이 효과적입니다. 하루에 조금씩 꾸준히 읽는 것도 좋지만 한 번에 몇 시간 씩 집중해서 읽는 것이 더욱 빨리 체험의 길을 열어줍니다.

태을주 도공 수련 방법

● 도공 기도문 '상제님이시여, 태모님이시여, 태을천상원군님이시여, 태사부님이시여, 사부님이시여, 저에게 천지조화 도공을 크게 내려주시옵소서'를 세번 읽습니다. 이후 태을주 주문이나 '지기금지원위대강', '원황정기내합아신' 등의 도공주문을 읽으며 몸을 흔듭니다. 입으로 도공 주문을 읽으며 기를 느낄 때까지 몸을 진동시킵니다.

●계속 하다보면 자기도 모르게 흔들리게 되는데, 제어하지 말고 그 흐름을 따라갑니다. 기의 흐름에 몸과 마음을 맡기고 잊어야 합니다. 태을주 정공과 마찬가지로 이때도 잡념을 끊고 주문 자체가 돼서 그 주문과 하나가 되어 몸을 흔들어야 합니다. 주문도공은 태을주의 위력 위에 기를 싣는 것입니다. 누구라도 태을주 도공을 하면 가을우주의 천지기운을 크게 받을 수 있습니다.

수행을 마치고 나서

●태을주 수행을 마치고 난 뒤에는 정갈한 그릇에 청수淸水를 옮겨 따라 마십니다. 상제님께서는 "천지 기운을 받는 청수니라. 이것이 복록이니라"하셨습니다. 태을주 기운이 들어간 청수를 마시면 자신의 건강증진은 물론, 가족과 이웃의 질병도 고칠 수 있는 치유력을 향상시켜 줍니다.

증산도 공식 홈페이지

www.jsd.or.kr

상생의 새 진리,
증산도의 문을 활짝 엽니다!

증산도의 진리, 증산도의 신앙문화를 담은
품격있고 다양한 컨텐츠를 만날 수 있습니다

증산도 소개 | 증산도의 경전, 『도전道典』 전문, 검색 |
태상종도사님 · 종도사님 말씀 | 진리 강좌 VOD |
감동적인 신앙수기 | 수행주문 듣기 | 국내외 행사 안내 |
증산도 신앙 안내 | 국내외 증산도 도장 및 치성 안내 |

증산도는 우주의 결실이자
천지를 담는 그릇

참동학 무극대도 증산도와 함께
후천 5만년 새 우주 건설의 주역이 되십시오!

 증산도
JEUNG SAN DO

천지조화 도공   환단고기   증산도와 가을개벽   자유게시판   지역도장행사알림   검색

소개   진리말씀   진리공부   TV증산도   신앙과 수행   자료실

증산도는 천지의 열매요 우주의 결실이요
천지를 담는 그릇이다.
상제님 일은 국가와 민족,
전 인류를위해 반드시해야하는 일이다.
우리 성도들, 천지 일심을 가지고 사람을 많이 살려줘라.

– 안운산 태상종도사님 말씀 –

처음 오시는분께

 증산도관   입문안내   소책자 무료신청

 도장안내   진리서적   물고답하기

진리상담 / 문의 : 1577-1691

진리 기본 강좌

태상종도사님 대도말씀을 상생
방송 및 유튜브에서 볼 수 있습
니다. 클릭!

대도말씀

살릴 생 자 공부란

살릴 생 자 공부란오늘 수요치성 시간에는 살릴 生生 자 공부의 정도正確
에 대해서, 최근 현장에서 보고 느낀 내 심정을 토대로 핵심 실천 과제를
간결하게 전하였으며 살릴 생 자 공부란 무엇인가? 살릴 생 자 공부란
140여 년 전 상제님이 동방 땅에 강세하셔서 선언하신 진리의 주제로서,
상제님 도를 받는 지구촌 인류가 앞으로 오는 개벽을 넘기 위해 한 사람
도 빠짐없이 실천해야 하는 제1의 실천 강령인 상생相生의 도에서 탄생
한 것이다. 살릴 생 자 공부는 상생의 도심주道心柱를 여는 진리 체험이,
최종 끝마무리다. 다시 말해서 '진리 쳔..

100문 100답

사람이 돌아가야 할 뿌리는
어떤 것입니까? (99)

먼저 '자기 생명의 뿌리'입니다. 그
것은 말할 것도 없이 부모와 조상
입니다. 나는 수많은 조상을 거쳐
부모님에 이르러 내 생명을 받았
습니다. 둘째로 '자기 역사의 뿌리'
곧 내 나..

나는 이렇게
증산도를 만났다

어머니 청수기도 덕분에 오
늘의 내가 있음을

어머니 청수기도 덕분에 오늘의
내가 있음을이정자(41세) | 논산취
암도장 | 2013년 음력 6월 없도다
첫째 오해의 불행을 겪으며저는
충남 논산에서 부모님과 2녀 1남
의 장녀로 자..

소식과 행사

세월호 희생자들의
명복을 빕니다

소식/공지   일정   스토리   더보기

· 6/21(일) 천지온대전계는 취소되
· 6월 21일 부천 보은 대천혁 봉행
· 【천지조화 도공】 사이트 오픈
· 제136주 태모님 성탄치성 봉행

TV증산도

· 환단고기 북콘서트 유럽편 2부
· 환단고기 북콘서트 유럽편 1부
· 유럽 환단고기 북콘서트 방송 예고 첫..

지구촌개벽뉴스   더보기

· 지구온난화 '멈춤' 은 없었다
· '지구, 6번째 동물 대멸종 시기에
· 공포의 사스(SARS)에서 메르스(M
· 메르스 치사율, 한 자리 숫자일 듯
· 메르스와 사스의 공통점과 차이정
· 신종 바이러스 '중동호흡기증후군' 국

환단고기   더보기

· 백제역사유적지구 세계유산 등재 확
정
· 한국의 역사학 독과점 폐해 문제 심각
· 백강전투의 의의와 경과와 영향
· 마숑 출신이고, 소련 공산당에 가입했
다는 이유로 지워졌던 홍범도 장군
· 왕의 다른 이름 무당
· 향후 10년 간 국제 정세 전망

월간개벽   더보기

· 【어린이 국통맥 역사 시리즈】삼성조
이야기 - 단군조선 편(1)
· 【STB홀로키움】단군의 나라 카자흐스
탄
· 어린이 뮤직비디오 | 5편 Chant
the Taeeulju Mantra
· 세계는 지금 / 네팔 지진참사 / 러시
아 전승 기념 행사 / 눈 대신 뇌로 보
· 【재난과안전】혼돌리는 땅과 바다 '지
진과 지진해일'

LA 환단고기 북콘서트

 〈오늘의 도전성구〉 (188)

너희들은 배풀 것이 없으니 오직 언덕言德을 잘 가지라. 덕 중에는 언덕이 제일이니라. 〈증산도道典〉

천지마음과 하나되는 태을주   PLAY

 道典   STB 상생방송   상생문화연구소   桓檀古記   환단고기   가을개벽과 인류의 미래

인류 신문명의 비전을 제시하는 한韓문화 중심채널
SangSaeng Television Broadcasting

STB
상생방송

주요 프로그램

증산도 진리 & 신앙
안운산 태상종도사님 대도말씀
안경전 종도사님의 『도전』 강독(예정)
천지의 도 춘생추살
우리들의 살릴 생자 이야기
태을주 도공 이야기

한문화 & 역사
『환단고기』 북 콘서트
STB 특별기획 역사특강
역사기행, 한국사 숨겨진 진실을 찾아서
한문화특강
조선의 민족정신을 말살하라

21세기 지식 & 교양
재미있는 한자 이야기
현대문명의 대전환
인간의 길 가효국충
책으로 만나는 가을개벽문화
STB초청특강

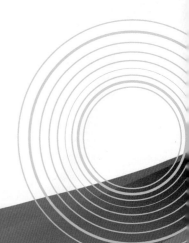

증산도 주요도장 안내

안내 1577-1691
교육문화회관 042-337-1691 대전광역시 대덕구 한밭대로 1133 (중리동)

태전 | 세종 | 충남

태전갈마	042-523-1691
태전대덕	042-634-1691
태전선화	042-254-5078
태전유성	070-8202-1691
계룡	042-841-9155
공주신관	041-853-1691
논산	041-732-1691
당진읍내	041-356-1691
보령동대	041-931-1691
부여구아	041-835-0480
서산	041-665-1691
서산대산	041-681-7973
서천	041-952-1691
아산온천	041-533-1691
예산	041-331-1691
천안구성	041-567-1691
태안	041-674-1691
홍성대교	041-631-1691
조치원남리	044-866-1691

서울

서울강남	02-515-1691
서울강북	02-929-1691
서울관악	02-848-1690
서울광화문	02-738-1690
서울동대문	02-960-1691
서울목동	02-2697-1690
서울영등포	02-2671-1691
서울은평	02-359-8801
서울잠실	02-403-1691
서울합정	02-335-7207

인천 | 경기

인천구월	032-438-1691
인천주안	032-429-1691
인천송림	032-773-1691
부천상동	032-612-1691
고양마두	031-904-1691
구리수택	031-568-1691
김포북변	031-982-1691
동두천중앙	031-867-1691
성남태평	031-758-1691
수원영화	031-247-1691
수원인계	031-212-1691
안산상록수	031-416-1691
안성봉산	031-676-1691
안양만안	031-441-1691
여주창리	031-885-1691
오산대원	031-376-1691
용인신갈	031-283-0056
의정부	031-878-1691
이천중리	031-636-0425
파주금촌	031-945-1691
평택합정	031-657-1691
포천신읍	031-531-1691

충북

음성	043-872-1691
제천중앙	043-652-1691
증평중동	043-836-1696
청주우암	043-224-1691
청주흥덕	043-262-1691
충주성서	043-851-1691

강원

강릉옥천	033-643-1349
동해천곡	033-535-2691
삼척성내	033-574-1691
속초조양	033-637-1690
영월영흥	033-372-1691
원주우산	033-746-1691
정선봉양	033-562-1692
춘천중앙	033-242-1691

부산 | 경남

부산가야	051-897-1691
부산광안	051-755-1691
부산덕천	051-342-1692
부산동래	051-531-1612
부산온천	051-554-9125
부산중앙	051-244-1691
언양	052-264-6050
울산옥현	052-276-1691
울산자정	052-281-1691

거제장평	055-636-1692
거창중앙	055-945-1691
고성송학	055-674-3582
김해내외	055-339-1691
김해장유	055-314-1691
남지	055-526-1697
마산회원	055-256-9125
밀양	055-355-0741
사천벌용	055-833-1725
양산북부	055-382-1690
진주	055-743-1691
진해여좌	055-545-1691
창원명서	055-267-1691
통영정량	055-649-1691
함양용평	055-962-1691

대구 | 경북

대구대명	053-628-1691
대구두류	053-652-1691
대구복현	053-959-1691
대구수성	053-743-1691
대구시지	053-793-1691
대구강북	053-312-8338
경주노서	054-742-1691
구미원평	054-456-1691
김천평화	054-437-1691
문경모전	054-554-1691
상주무양	054-533-1691

안동태화	054-852-1691
영주	054-636-1691
영천화룡	054-338-1691
포항대신	054-241-1691

광주 | 전남

광주상무	062-373-1691
광주오치	062-264-1691
강진평동	061-433-1690
나주남내	061-333-1691
목포옥암	061-283-1691
순천조례	061-745-1691
여수오림	061-652-1691
완도주도	061-555-1691
해남성동	061-537-1691

전북

군산조촌	063-446-1691
남원도통	063-625-1691
익산신동	063-854-5605
전주경원	063-285-1691
전주덕진	063-211-1691
정읍연지	063-533-6901

제주도

| 서귀포동홍 | 064-733-1691 |
| 제주이도 | 064-721-1691 |

해외도장

미국

뉴욕	1-718-428-4872
로스엔젤레스	1-323-937-2535
달라스	1-972-241-2399
오클랜드	1-408-709-0045
시카고	1-773-332-6016
아틀란타	1-770-381-7600

캐나다

| 토론토 | 1-416-221-1033 |

독일

| 베를린 | 49-305-562-0043 |

일본

도쿄	81-03-5246-4143
오사카	81-6-6796-8939
고베	81-78-881-1691
니시노미야	81-78-907-1331

중국

| 홍콩 | 852-6151-0740 |

인도네시아

| 자카르타 | 62-21-7279-7270 |

필리핀

| 마닐라 | 63-2-682-0413 |

증산도 본부에 전화로 문의하시거나 국내외 증산도 도장道場을 방문하시면, 태을주를 전수받고 수행법을 지도받을 수 있습니다. 또한 증산도 공식 홈페이지를 방문하시거나 증산도 케이블TV 방송인 STB상생방송을 시청하면 태을주의 운율을 듣고 따라 읽을 수 있습니다.

증산도 본부

상담 전화
1577-1691

공식홈페이지
www.jsd.or.kr

STB상생방송 홈페이지
www.stb.co.kr